Per Yari

add editore

ISBN 9788867833146
addeditore.it

Amir Issaa

Educazione rap

add EDITORE

Indice

EDUCAZIONE RAP
Paola Zukar 11

AL LICEO SOCRATE 13
8:30 15
Si comincia 20
Fa' la cosa giusta 23
«Qual è la vostra realtà?» 35
Le parole sono uno strumento 42

#CAROPRESIDENTE 2012-2021 45
Rap è riciclo 48
1:35 51
Sono passati dieci anni... 57
La Costituzione in rap, atto I 60
Musica contro le discriminazioni 67
La Costituzione in rap, atto II 70
Never Ending Tour 74

AMERICA (MA NON SOLO) 79
Rewind 85
Here we are... New Hampshire 87

New York, JFK 89
Massachusetts, Emily Dickinson 92
Sono / Non sono 95
Barbershop rap 99
Perché io? 106
«N-word» 113
Osaka up! 114

IL PESO DELLE PAROLE 117
Il rap e le ragazze 120
Manifesto per l'antisessismo nel rap italiano 123
Invece di scambiare rime come figurine 127
Il peso delle parole 132
Willy Monteiro Duarte 137
Radici 141
Stile libero, freestyle 146
Questione di tempo 149

UN LABORATORIO APERTO A TUTTI 153
Superman rap 154
Monopoly Casella 1: San Basilio 156

Potere alle parole 159
Torna alla casella di partenza 162
Casella 2: Centro Astalli 166
Teatro e poesia 169
Riscatto 172
Regina rap 177

RAPTORICAL, I RAPPER SONO I NUOVI RETORI
Flavia Trupia 181

UNA NUOVA WAVE 191

Ringraziamenti 195

Apparati 197
Da Faccetta Nera a Black Lives Matter 198
Lo ius soli in Europa e nel mondo 202
Retorica e rap, RetoParole 205
Persone, libri, film, movimenti eccetera 214

A Domenico "Ryo",
siamo ancora sullo stesso binario.

Quelli di voi che vogliono dedicarsi al rap, devono avere pazienza: ci vuole tempo. Alla fine, ho trovato la Warner Brothers, la Sire Records. Un certo Seymour Stein mi ha ingaggiato. Quando sono entrato nel suo ufficio per conoscerlo, stava suonando musica calypso e ballava in pedalini. Mi ha chiesto se capivo la musica calypso. Gli ho detto di no. Lui subito si è buttato in una spiegazione del calypso, e mi ha detto: "Il fatto che tu non capisca quello che significa, non la rende priva di valore. Significa semplicemente che non la capisci. Allo stesso modo, io potrei non capire quello che tu vuoi dire col rap; ma questo non gli toglie valore. Dunque, fa' il tuo album. So quello che dici."

Ice-T, *L'opinione di Ice*

Educazione rap

Paola Zukar

Il rap è profondamente educativo, quasi moralistico, nella sua apparente brutale spontaneità di forma e di linguaggio. Pedagogico quando racconta le "cose brutte della vita" di cui è difficile parlare e quando si confronta con una realtà che per tanti non deve esistere o deve rimanere sottintesa. Relazioni uomo/donna pesantemente squilibrate, abuso di sostanze, dipendenze, parolacce, pensieri scomodi che devono trovare un'espressione per non implodere...

Chi vuole raccontare oggi ai ragazzi e alle ragazze esperienze di famiglie profondamente disfunzionali, di madri spietate e di padri assenti o violenti? Chi dice alle ragazze che l'amore delle canzoni tradizionalmente italiane spesso non esiste e che ai ragazzi può piacere chiamarle e pensarle come *bitches* e troie? Chi racconta di amici che si trasformano in nemici manipolatori e subdoli a causa dell'invidia? È tutto nelle rime del rap. Oltretutto dà un'opportunità unica: in molti possono permettersi di provare a farlo e di dire quelle cose che, schermate dal concetto della canzone e quindi della potenziale finzione/realtà, possono finalmente essere dette in un infinito gioco di specchi tra il vero e il verosimile. Il rap riesce a farci confrontare su temi che non vorremmo mai incontrare, ma che sono pesantemente tra noi e che solo quando vengono affrontati possono risolversi; per questo il rap ha in sé un'essenza quasi terapeutica, sia per chi lo fa, sia per chi lo ascolta, ma soprattutto per chi riesce a coglierne questo aspetto catartico. Per tutti gli altri sarà solo musica, solo rumore, solo parolacce, un genere che non si dovrebbe permettere di sollevare polveroni e che dovrebbe rimanere in sottofondo come altri generi (in)differenti prima di lui. Ma se fosse così facile eliminare un problema smettendo di parlarne o di sentirne parlare, forse il cinema, la musica e i libri sarebbero solo pagine bianche e tutti vivremmo felici e contenti. Non è così?

Al liceo Socrate per una lezione di cultura hip hop

Questo rap mi ha dato le ripetizioni
Dopo scuola quando stavo a casa senza genitori
Allo specchio imitavo Jay-Z e Nas
Wu-Tang dentro il walkman in giro per la città
Poi ho capito che avevo tanto da dire
Carta e penna e in tasca appena duemila lire
Ma mi sentivo il re dentro il mio isolato
E mi ha aiutato
A sentirmi meno isolato.

Il rap mette le ali

«Al liceo Socrate per una lezione di cultura hip hop», questo dice il mio cellulare stamattina.

Sono quasi quindici anni che vado nelle scuole per promuovere il rap e per quante ne ho visitate ormai ho perso il conto. Ma oggi succede qualcosa di speciale, il Socrate è la scuola di mio figlio.

Niccolò è nato quando avevo ventun anni, in un momento in cui la mia carriera iniziava a decollare, e le ultime esperienze scolastiche da studente erano un ricordo sbiadito nella memoria. Per uno cresciuto con il mito dei rapper americani, che lasciano la scuola da piccoli per spacciare e poi raggiungono il successo raccontando a tutti la vita che hanno fatto da soldati del ghetto, tra sparatorie, belle donne e macchine di lusso, entrare in un liceo per insegnare era qualcosa di inimmaginabile.

Se mi avessero detto che a quarant'anni il destino mi avrebbe riportato a scuola, e stavolta non dietro al banco, non ci avrei creduto, ma oggi essere una via di mezzo tra un rapper e un docente è per me un motivo di orgoglio. Io vengo da Tor Pignattara (o Torpignattara), che nell'immaginario comune è considerata periferia, anche se in realtà è a venti minuti di macchina dal Colosseo, ed è un quartiere popolare. «In mezzo a una Shanghai di orticelli, strade, reti metalliche, villaggetti di tuguri, spiazzi, cantieri, gruppi di palazzoni, marane, e quasi erano arrivati alla Borgata degli Angeli, che si trova tra Tor Pignattara e il Quadraro [...]», così compare di sfuggita in *Ragazzi di vita*, di Pier Paolo Pasolini, che ha girato qui qualche scena di *Accattone*.

La zona in cui è iniziato il mio viaggio nelle scuole a parlare di rap, però, è San Basilio, che è molto più lontana dal centro di Roma ed è purtroppo nota a livello mediatico come una delle piazze di spaccio più grandi d'Europa. San Basilio è stato un punto di partenza importante, dal quale si è sviluppata un'altra storia: tre volte a settimana, nella fascia pomeridiana del doposcuola, incontravo ragazzi che avevano vite complicate, storie difficili. Venivamo ospitati in uno spazio solitamente utilizzato per le riunioni di condominio dei "palazzoni", ed è lì che ho iniziato a fare i conti con la mia capacità di trasmettere l'esperienza. Niente da insegnare nel senso classico del termine, ma parlare delle cose che conosco e di cui i ragazzi vogliono sapere. Insegnare le cose che so, come so farlo, insomma.

Il Socrate è alla Garbatella, un quartiere di Roma che mi appartiene in modo particolare. Dopo il primo arresto di mio padre, e lo sfratto dalla casa in cui vivevamo con mia mamma e mia sorella in zona Stazione Termini, siamo stati ospiti per qualche anno da mia zia, in via Ignazio Persico. Un condominio popolare in cui vivevano tante famiglie, quindi tanti bambini con cui fare amicizia e giocare in cortile o al parco: quando fai le elementari è tutto quello che ti serve. Quella casa gialla dove ho passato un periodo della mia infanzia è vicina pure al Socrate, un liceo classico e scientifico che fa dell'accoglienza e della lotta alla discriminazione la propria forza, che organizza «seminari socratici di letteratura greca e latina», lezioni sull'eredità di Sciascia, che parla di scienza, bioetica e poesia. E oggi tocca a me.

8:30

Sono arrivato a scuola alle 8:30 ed è questo l'orario in cui solitamente iniziano i miei incontri. Felpa nera, pantaloni neri, sneakers bianche, insomma l'abito d'ordinanza che mi fa mimetizzare tra i ragazzi, essendo vestito più come loro che come i loro docenti... anche se al polso porto l'orologio d'oro, perché un po' mi piace ancora imitare Jay-Z e Nas.

Dopo aver superato con qualche difficoltà l'ostacolo-bidella che non credeva che fossi il padre di Niccolò, riesco a entrare in classe. Non è stato mio figlio a invitarmi, lo hanno fatto i suoi compagni dopo aver sentito dire in giro che ero stato in altri licei della Capitale. La classe di mio figlio è composta da una trentina di ragazzi e ragazze, forse sono di più i maschi.

L'insegnante di italiano ha più o meno la mia età, è una donna sulla quarantina (l'insegnante che incontro quando vado nelle scuole è quasi sempre una donna, più o meno della mia età). Mi accoglie con un sorriso e, alzandosi dalla cattedra, comincia facendo l'appello. Si prepara per uscire dall'aula, come succede quasi sempre quando l'invito arriva da un liceo in una giornata di autogestione. Non sempre gli insegnanti sanno di preciso cosa faccio, diciamo che si fidano della scelta degli studenti che mi hanno invitato. Tutto cambia se siamo alle scuole medie o alle elementari: in quel caso è il docente che ha pensato di coinvolgermi ed è ben informato sul mio ruolo professionale.

«Parleremo di rap e cultura hip hop, della presunta violenza che passa nei testi del rap», dico ai ragazzi. Chissà se anche la professoressa pensa che il rap trasmetta violenza.

E allora «Perché non rimane?» le chiedo mentre lei si avvicina alla porta, invitandola ad assistere alla mia lezione.

Le dico che, in fondo, lei e io parliamo di argomenti simili, a cambiare è il modo in cui lo facciamo. Il rap mi ha aiutato a imparare meglio l'italiano e questo mi ha fatto pensare che può essere così anche per altri, italiani e stranieri, ragazzi e adulti, che è un mezzo di alfabetizzazione, o meglio è un alfabeto con cui ci si può esprimere, spiegare, difendere, raccontare. Mi immagino il rap come uno strumento didattico che può aiutare non solo i ragazzi a utilizzare al meglio la lingua italiana, ma anche gli insegnanti a comprendere alcune dinamiche del genere musicale che gli studenti ascoltano di più e che sta raccontando al meglio il loro mondo. Le dico che l'obiettivo principale dei miei incontri non è formare nuovi rapper, ma ragazzi consapevoli che le parole sono uno strumento espressivo e di riscatto sociale.

E qualcuno, forse, farà rap.

Lei rimane. Alla fine dell'incontro, nel testo che facciamo con i ragazzi ci saranno due versi suoi.

Qualcuno farà rap, anche la prof.

L'incontro durerà tutta la mattina. Ma non è sempre così, mi capita di fare incontri anche soltanto di un paio d'ore. Con l'esperienza ho sperimentato che due ore sono il tempo giusto per raccontare qualcosa di me e lavorare con i ragazzi su un testo prodotto da loro; un'ora non basta e tre fanno presto a diventare cinque, e cinque sono l'intera mattinata, non si può fare, perché, certo, prima viene il programma.

Io guardo i ragazzi e memorizzo una prima fotografia di quel che vedo: molte felpe nere con loghi e scritte, in mezzo spicca una felpa gialla, un paio blu, una camicia a quadri, ai piedi tutti sneakers e anfibi, qualche sguardo sfrontato, qualcuno non mi guarda.

In quel momento, mentre sto in piedi nella terra di mezzo tra cattedra e prima fila di banchi, non sono uno dei ragazzi e non sono un docente, non sono né l'uno né l'altro.

Per loro sono uno che fa rap, uno che ha fatto canzoni con tanti rapper. Da quelli della vecchia scuola, come Colle der Fomento, Cor Veleno e Bassi Maestro, fino a quelli più recenti, che sono nel loro panorama, nelle loro teste e che riconosco nel modo in cui si muovono e parlano, come Emis Killa, Luchè, Gemitaiz, Guè Pequeno, e così via.

«Ma tu lo conosci, lo conosci di persona? Avete fatto dei pezzi insieme? E com'è?», mi chiedono.

Per l'insegnante, se resta, sono uno che per due ore parla agli studenti di una cosa che a loro piace. Niente di troppo insolito, visto che nella maggioranza dei casi sono gli studenti a proporre la mia presenza in classe. E ci sta che la risposta da parte della direzione scolastica non sia sempre entusiasta: qualche pregiudizio e poca conoscenza del mondo del rap, negli occhi lo stereotipo del rapper bad boy.

E invece arrivo io, che non sono il rapper che si aspetta l'insegnante, perché i suoi figli, come il mio e i suoi compagni, sentono Sfera Ebbasta, Tedua, Capo Plaza, DrefGold, Izi, Dark Polo Gang, Ghali, tha Supreme, Ketama126, Gianni Bismark, Geolier.

E forse non sono neanche il rapper che si aspettano i ragazzi. I codici estetici di quando avevo vent'anni non sono più validi oggi, e la mia immagine è più neutrale, ma non neutra. Come si dice sui social "ho pulito il mio profilo" perché tutta una serie di cose non mi servono più, basta catene d'oro, anelli e orecchini in bella mostra. In questo pezzo della mia vita non mi sento più in sintonia con quell'estetica: è stonata per me, che sento di aver portato dentro quello che prima volevo che fosse visibile a tutti, e forse stona nei posti dove vado.

Come ogni volta, mi sono assicurato che la parte tecnica mi possa garantire la buona riuscita dell'incontro. Nei giorni precedenti c'è stato uno scambio di messaggi tra me e Lorenzo, un compagno di classe di Niccolò che si è preso l'impegno di organizzare la parte logistica di una serie di incontri in quei giorni di autogestione.

Stamattina mi sono portato da casa solo la pennetta con la musica e le immagini (le porto sempre, se la rete non funziona attacco il proiettore, se c'è), perché il Socrate ha quel che serve: computer, proiettore e due casse.

Girando nelle scuole in Italia ho imparato che a livello tecnico devi essere sempre pronto a tutto: puoi essere accolto in un istituto che ha una sala multimediale con proiettore e rete internet, o in posti dove se hanno la lavagna nera e il cancellino già devi esser contento.

Il rap è un genere rudimentale, elementare: non serve niente di speciale, e possono farlo tutti. Carta, penna e qualcosa da dire, questo è il punto di partenza dell'incontro: al centro ci sono le parole. E siccome «il rap parla dove tutti stanno muti», come ha scritto Masito, uno dei miei maestri di rime, le parole devono essere precise, efficaci e potenti.

Racconto che la mia prima carta è stata il muro, il writing era il mio modo di far parte di un gruppo, di costruirmi un'identità. La mia penna era una bomboletta di vernice che usavo come un'arma. E a dodici anni il primo disegno su un muro del quartiere è stato il mio modo di segnare il territorio, di dire ci sono. A quattordici, con il primo treno (una metropolitana), sono diventato Cina. Questo è il tag che ho scelto e in rete si trovano diverse immagini dei muri di Roma su cui ho scritto il mio nome. Ci sono immagini colorate e curate, io in posa con le bombolette, e poi ci sono foto in bianco e nero, muri grigi e io con la faccia seria e le braccia incrociate, «Non sono lo stesso ma ci sono cose che non cambiano», come ha detto MC Giaime.

Si comincia

Ripasso mentalmente la scaletta che ho pensato.

«Anche l'hip hop ha la sua cosmogonia, come il mito greco della creazione del mondo», dico, giusto per partire basso e guardare con la coda dell'occhio la reazione della professoressa alla cattedra. Ma anche per chiarire che quando parliamo di hip hop parliamo di rap, breaking, writing o djing, e siamo davvero dentro un mondo.

La creazione dell'universo hip hop nasce dalle minoranze nel Bronx verso la fine degli anni Settanta, dalla comunità afroamericana, ma anche dai *latinos*, in particolare i figli dei portoricani arrivati nell'area metropolitana di New York durante la *Gran Migración* (fra gli anni Cinquanta e Settanta si calcola che sia migrato circa mezzo milione di persone) o i nipoti della prima migrazione, nel 1917, quando il Jones-Shafroth Act aveva concesso la cittadinanza americana a quasi tutti i portoricani.

Si tratta di un movimento che raccoglie realtà emarginate, nei quartieri che abbiamo imparato a conoscere con le canzoni o con i film. Parliamo di anni in cui New York era una città molto pericolosa, dove regnava la violenza, ai limiti della vivibilità. Scendere nella Subway, la metropolitana della città, era rischioso. C'erano decine di bande che si sfidavano, con le armi e qualsiasi altra cosa. Gli omicidi erano all'ordine del giorno, finché hanno trovato il modo di sostituire tutta questa violenza con forme d'arte. Le hanno reinventate, come quasi sempre accade, da qualcosa di preesistente. Così all'interno di questo movimento culturale vengono plasmati i famosi quattro elementi, o discipline, ognuno dei quali è caratterizzato da un modo di esprimersi con il corpo: l'espressione vocale è il rap; l'espressione corporale è la danza, il breaking; l'espressione visuale sono i graffiti, che vengono spesso confusi con la street art di artisti come Banksy, anche se in realtà non sono la stessa cosa. Non tutti sanno che molti di questi street artist nascono come "graffitari" e prima di essere riconosciuti dal mondo dell'arte contemporanea per le loro opere dipingevano illegalmente su muri e vagoni della metropolitana. E poi c'è l'espressione musicale, il dj, una figura che potremmo paragonare al direttore d'orchestra.

Io ho cominciato a farmi conoscere nella scena hip hop come writer, erano i primi anni Novanta, e passare a fare il rap era solo questione di tempo. Dovevo trovare il coraggio per fare i conti con me stesso, e inizialmente l'idea di mettermi davanti a un foglio bianco per raccontare chi ero mi metteva paura. In quegli anni il rap era legato stretto all'impegno politico, a sinistra, come nel caso degli Assalti Frontali che nascono da Onda Rossa Posse e che nei loro dischi hanno sempre preso una posizione politica e civica, che guarda al bene della comunità. La musica rap, per loro, è ancora un mezzo per veicolare un messaggio politico e per tenere un occhio sempre vigile sull'attualità: hanno cantato contro la guerra del Golfo, contro il G8 di Genova, per salvare il lago naturale dentro il parco vicino alla Snia in via Prenestina, una ex fabbrica tessile di Roma, strappato alla speculazione edilizia. A Roma, grazie a quella canzone, tante scolaresche sono andate a visitare il parco e hanno cantato *Il lago che combatte* nelle scuole. Per i bambini, specie quelli dei quartieri limitrofi alla ex Snia, è diventato quasi un tormentone.

Il mio primo approccio alla scrittura non è stato così "allineato". Venivo da una famiglia complicata, con un padre tossicodipendente, mia sorella e io avevamo un repertorio di risposte pronte per evitare di avere gente a casa, per salvarci dai compagni e per proteggere nostra madre che faceva di tutto per farci crescere tranquilli. Quel castello di bugie mi soffocava, avevo bisogno di raccontarmi, di parlare di me, di dare sfogo al disagio. Ma prima di avere il coraggio di scrivere brani introspettivi come *Inossidabile* o *5 del mattino*, che ho pubblicato in età più adulta, sono passati un po' di anni in cui, per misurarmi con il resto della scena, mi limitavo al rap autocelebrativo con rime del tipo: «Senti quanto spacco, quando entro in attacco, uccido un altro rapper scarso», e cose di questo tipo. So che il rap autocelebrativo viene etichettato come un esercizio fine a sé stesso, in cui tutto si riduce al gioco a chi ce l'ha più lungo, che per molti è il grado zero del rap, ma ha il suo indiscutibile valore ed è un'ottima palestra per allenarsi con la tecnica. Crescendo, poi, ho scoperto che la storia del rap ha tante sfaccettature, e che alle origini c'era il divertimento e l'autoaffermazione. Il rap delle feste e del divertimento, quando uno improvvisava e attorno a quella figura ruotava tutta una serata: ragazzi che lavoravano con le parole cercandone sempre di nuove, incastrandole come pezzi di un puzzle. Verbi, modi di dire, metafore, erano le "armi" con cui scendere in guerra. Parole che io usavo per dire: esisto perché so fare qualcosa e nel mio quartiere tutti me lo riconoscono, e ogni giorno voglio darmi da fare per diventare il più forte di tutti.

Fa' la cosa giusta

Chiedo ai ragazzi quali siano i loro rapper preferiti, ne scegliamo un paio e li ascoltiamo insieme da YouTube o Spotify. Per lo più ascoltano trap (quelli che dicevamo prima: Sfera Ebbasta, Tedua, Capo Plaza, Dark Polo Gang, Ghali, tha Supreme eccetera) e difficilmente si legano a un solo artista, perché vista la facilità con cui possono passare da un brano all'altro grazie ai servizi di musica in streaming, anche i loro ascolti sono eterogenei. Di sicuro parlando di rap e trap il legame territoriale è fondamentale per immedesimarsi in una storia. Se un artista è della loro città o del loro quartiere ci saranno più possibilità che venga ascoltato. Per intenderci, io sono cresciuto a Roma e per presa di posizione non ascoltavo gli Articolo 31 che erano di Milano e usavano uno slang che non mi apparteneva. Così come non mi apparteneva lo slang degli SR Raza e La Fossa, due gruppi sardi che si ispiravano al rap della West Coast, che era lontano anni luce dal sound del rap che facevamo a Roma: noi ci ispiravamo a New York e alla East Coast.

Ho sempre portato il nome di Torpignattara nelle mie canzoni con orgoglio, perché è il luogo dove sono cresciuto e l'appartenenza al quartiere è tra gli elementi di punta nell'immaginario dei rapper a livello globale. Nas e i Mobb Deep hanno sempre glorificato la zona del Queens, KRS-One il South Bronx, Dr. Dre e Kendrick Lamar hanno fatto conoscere il quartiere di Compton in tutto il mondo grazie alle loro canzoni. Anche qui in Italia i rapper delle nuove generazioni ci tengono a celebrare la zona da cui provengono. Sfera Ebbasta, che ha sempre menzionato Cinisello Balsamo ribattezzandolo "Ciny" è uno dei casi più singolari, al punto che l'amministrazione comunale gli ha voluto dedicare una piazza. Un gesto simbolico durato solo qualche mese, con lo scopo di incoraggiare altri ragazzi cresciuti lì a seguire le sue orme. Sempre a Milano ci sono Rondo da Sosa, Baby Gang, Sacky e Neima Ezza che hanno fatto della zona di San Siro uno dei punti di forza del loro gruppo, così come Ghali ha sempre citato Baggio, il suo quartiere nella periferia ovest della città. E parlando di Roma non si possono non citare Dark

Polo Gang e Lovegang126, che hanno menzionato continuamente nei loro brani rione Monti e Trastevere e di esempi ne potrei fare tanti altri. Nel 2008 ho collaborato con Emis Killa nel mio mixtape *Radio Inossidabile Volume 2* e nel pezzo che si chiama *Run To The Roc* si marca il territorio, città contro città, Roma, Milano:

Chiamo Killa perché è fresco, noi brilliamo
Anche se la città è diversa, io da Roma, lui a Milano
E anche se il suo accento è diverso dal mio
Io gli dico: "Bella zì", lui mi risponde: "Bella zio".

Qui gioca un ruolo importante anche lo stereotipo del rapper americano che nasce nel suo *hood* e, anche quando svolta, continua a menzionarlo e rappresentarlo. In America la città – poi il quartiere di appartenenza –, è davvero, come dice Nas nel brano *State of mind*, una mentalità, un modo di vedere e sentire le cose. Quella canzone è perfetta per chi cerca di capire la vita del ghetto (e, come ho scoperto nei miei viaggi in America, è una delle poche canzoni rap presenti nella *Norton Anthology of African American Literature*).

Poi con i ragazzi ci confrontiamo su vari aspetti, a partire dal contenuto dei brani: i temi, il linguaggio o i linguaggi, il verso e la rima, il suono e il ritmo, fino ad arrivare al lato estetico della trap, fatto di *purple drunk* e *skinny jeans*. Certo siamo parecchio lontano dal mondo rap degli anni Novanta da cui vengo io, che era più legato al messaggio sociale e ad altri codici estetici: i jeans di tre taglie più grandi tenuti su con la cinta e una maglietta di qualche squadra di basket presa al mercato dell'usato. E naturalmente le sneakers, sempre pulite, perché sono quelle che fanno la differenza, che segnano la classe, perché, come dice Ice-T nel suo libro, quando non hai soldi, «le scarpe da ginnastica sono le tue Ferrari». Le scarpe sono un accessorio in grado di unire in modo trasversale tutte le generazioni, da chi segue il rap dagli inizi fino al movimento della trap, posso dire con certezza che un paio di Nike Air Jordan "retro" nel nostro mondo mette tutti d'accordo.

Dico loro che all'inizio ero attratto dalla confezione, dall'immagine, e con immagine intendo soldi, donne, successo, la scorciatoia per la bella vita, insomma, tutto quello che ostentavano molti rapper americani da Slick Rick a Notorious B.I.G., per dire solo i primi che mi vengono in mente. Ma le cose non sono cambiate poi tanto.

In *Badabum Cha Cha* di Marracash (dove compaiono anche J-Ax e la Dogo Gang), girato nel 2008 nel quartiere milanese della Barona, lui è seduto sul sedile posteriore di una macchina sportiva tra due ragazze placcate d'oro. Nel video di *Going Bad* di Meek Mill in cui compare Drake (e ci sono cammeo di altri artisti) i due rapper, ben vestiti, anelli vistosi, in un salone delle feste con lampadari giganti e dipinti alle pareti giocano d'azzardo e si sfidano con le loro automobili lussuose. Soolking, rapper algerino, nel video *Vroom Vroom* esce da un lounge bar e sale su una macchina cantando «On sort de la capitale à 220 à l'heure», usciamo dalla capitale a 220 all'ora; «On va dans le futur sans visa», entriamo nel futuro senza documenti. Insomma, che sia America, Italia o

Francia, l'immagine è simile. Un ragazzo rimane affascinato dalle loro storie, o forse è meglio dire dalle storie che quegli artisti raccontano, ed è normale, e vorrebbe che la sua, di storia, fosse come quella che vede nei video.

Più avanti, però, il rap mi ha fatto conoscere meglio alcune figure che hanno segnato in modo significativo il mio percorso. Clicco su un'immagine della mia pennetta.

> «La violenza come mezzo per raggiungere la giustizia razziale è insieme un sistema impraticabile e immorale.»
>
> Martin Luther King

> «Io non invoco la violenza, ma allo stesso tempo non sono contro il fatto di usare la violenza per difendere sé stessi. Io non la chiamo violenza. Se si tratta di autodifesa la chiamo intelligenza.»
>
> Malcolm X

Queste due citazioni, sulle note di *Fight the Power*, sono nei titoli di coda di *Fa' la cosa giusta* di Spike Lee.

Il film è uscito nel 1989 e io credo di averlo visto qualche anno dopo, forse avrò avuto 14 anni. Volevo vederlo perché tra gli appassionati di rap non si parlava d'altro. Non esisteva ancora internet e andare al cinema ci permetteva di scoprire qualcosa di nuovo. Quella canzone era il pezzo di punta della colonna sonora. La mia conoscenza dell'inglese era ancora zoppicante e non capivo bene i testi, ma l'attitudine che avevano e la potenza a livello sonoro mi colpirono dritto in faccia. *Fight the Power* è un manifesto musicale che può essere considerato una vera e propria dichiarazione di guerra in rime, al punto che l'FBI incluse i Public Enemy nella lista di gruppi considerati "pericolosi per la nazione". Con questa canzone, esplicito richiamo alla protesta di strada, spronavano la loro comunità a non abbassare la testa.

Fight the Power è perfetta per il film di Spike Lee che racconta di una calda giornata d'estate a Brooklyn, in cui tutti si ritrovano nella pizzeria di Sal e dei suoi figli, gli unici bianchi nel quartiere. Quando un cliente fa notare che tra i ritratti appesi nel locale non ci sono eroi neri, l'atmosfera si accende. Per le strade della città corre un'elettricità cattiva, l'odio si gonfia in un'onda che si alza come il calore dall'asfalto.

Parlando ai ragazzi del film *Fa' la cosa giusta* mi rendo conto che sto raccontando qualcosa che magari tanti di loro non conoscono. Ma non è un problema. Racconto la scena del tutti contro tutti, in cui Mookie (il personaggio interpretato da Spike Lee) insulta John Turturro – *italiano del cazzo, puzza d'aglio, terrone sfollato, mangiaspaghetti, O sole mio* – e John Turturro risponde – *scimmione con i denti d'argento e la catena d'oro al collo, nuoto un cazzo e faccio canestro a trecentossessanta gradi* – e così ogni personaggio grida dritto in camera i luoghi comuni delle altre etnie quasi a ritmo di rap. Quegli insulti gridati a ruota libera, *in the straight way*, un po' ci fanno sorridere. Ma è solo un momento. Quando racconto la scena di Radio Raheem, il gigante nero che per tutto il film gira con il *Ghetto*

Blaster acceso, che muore soffocato dal manganello di un poliziotto bianco, torna il silenzio.

Non conoscono il film, ma sanno bene che cos'è Black Lives Matter (le vite dei neri contano), il movimento di protesta internazionale che manifesta e si batte contro gli omicidi delle persone nere da parte della polizia, e più in generale contro la profilazione razziale, la brutalità delle forze dell'ordine e la disuguaglianza nel sistema giuridico degli Stati Uniti. L'hashtag compare sui social nel 2013, dopo che George Zimmerman, che aveva sparato e ucciso Trayvon Martin (un ragazzo nero di 17 anni) viene assolto. Ricollegandosi alle radici storiche della lotta antischiavista fino ai movimenti per i diritti civili e contro il razzismo di Martin Luther King e Malcolm X, il Black Lives Matter ha creato spazi inclusivi in cui rivendica il diritto a ogni diversità, comprese l'identità sessuale, l'appartenenza religiosa, lo *status* economico e le disabilità. Una lotta portata avanti anche dal mondo dello sport, a cominciare da Colin Kaepernick che si inginocchia durante l'inno nazionale.

A ripensarci oggi – tre mesi dopo il 26 febbraio 2020, il mio giorno al Socrate, con il 25 maggio e la morte di Floyd che fa da spartiacque riassumendo in sé tutte le morti precedenti – la scena di Radio Raheem mette un brivido in più. Alla luce (o al buio) dell'omicidio di Floyd, compiuto più o meno nello stesso modo dalla polizia di Minneapolis il 25 maggio 2020, Spike Lee ha pubblicato sui social un corto in cui le immagini del film si alternano a quelle di Floyd e di Eric Garner, morto nel 2014 a Staten Island, New

York, anche lui soffocato, anche lui ripetendo per undici volte: «I can't breathe», non respiro.

A settembre 2020 i Public Enemy hanno ripubblicato *Fight the Power*, remixandola, con testo e video intrecciati all'attualità politica: e per l'occasione hanno chiamato a raccolta vari personaggi del rap game, che non a caso hanno spesso parlato di politica nei loro testi. Artisti come Nas, YG, Jahi, Questlove, Black Thought e Rapsody, che hanno portato in quella canzone le loro rime piene di rabbia e consapevolezza. Ci sono molte immagini delle proteste del movimento Black Lives Matter: cortei come fiumi, fuochi per le strade, mascherine sulla faccia, sulle giacche il nome e la sagoma di Colin Kaepernick. Per spiegare ai ragazzi la forza di quella canzone, in quel momento, posso fare un esempio preso dal loro presente. Un presente molto vicino, della settimana prima.

Parlo di *Dior* di Pop Smoke, uscita nel primo mixtape del 2019 *Meet the Woo* e ripubblicata l'11 febbraio del 2020. Otto giorni dopo Pop Smoke è stato ucciso nella sua casa a Los Angeles. Aveva 20 anni. *Dior* non è nata come una canzone di protesta, ma sta facendo quello che dovrebbero fare tutte le grandi canzoni di protesta: unire.

Lontana anni luce dall'impegno sociale di *Fight the Power* dei Public Enemy, *Dior* è diventata uno dei brani che hanno fatto da colonna sonora alle rivolte che si sono scatenate negli States dopo l'uccisione di George Floyd. Anche se la canzone non parla di violenze della polizia o di razzismo, è diventata un inno di protesta. Da Seattle a Brooklyn, masse di persone rappavano sull'inno dello shopping; in un video, girato davanti al Trump International Hotel di Manhattan, la ribellione alla violenza contro George Floyd scivolava nelle urla «Christian Dior, Dior I'm up in all the stores».

Per molte generazioni, le canzoni di protesta dei neri hanno avuto al centro la rivoluzione. Nate dalla rabbia e dall'esasperazione, parlavano spesso di oppressione. Penso a *I Shot the Sheriff* di Bob Marley, che in un'intervista aveva spiegato che all'inizio voleva scrivere "Ho sparato alla polizia", ma poi aveva pensato che il governo avrebbe fatto un polverone e così aveva detto "Ho sparato allo sceriffo"; comunque era uno sguardo critico sulla giustizia.

Dior non suona affatto così, eppure definisce un'altra forma di ribellione. Per questa canzone, per la generazione dei ragazzi che ho davanti, forse non è il testo a essere un'azione di rivolta ma il contesto in cui viene usata.

Trent'anni fa Spike Lee ci mostrava una società frantumata e divisa, divorata dall'odio di classe e di etnia fondati sul nulla, e il film si chiudeva con le due citazioni di Martin Luther King e Malcolm X, non perfettamente allineati (violenza sempre impraticabile per Martin Luther King, autodifesa è intelligenza per Malcolm X), che esprimevano la necessità di "fare qualcosa", di fare la cosa giusta.

Di Malcolm X e Martin Luther King qualcosa avevo già imparato a scuola, ma nel libro di storia occupavano giusto un paio di pagine, sotto il titolo *Figure cardine della lotta per i diritti dei neri*, e non c'era stato nessun particolare approfondimento da parte dei docenti.

Davanti a quel film, mentre ero alla ricerca della mia identità tra tag sul muro e rime improvvisate, ho capito che volevo saperne di più. Il passo successivo è stato leggere le loro biografie, i primi due libri che ho letto in vita mia di spontanea volontà e fuori dal percorso scolastico. Li avevo trovati entrambi a casa di Valentina, la madre di mio figlio, e nella stessa libreria da cui a vent'anni ho iniziato quel percorso di riappropriazione culturale che mi era sfuggito quand'ero ragazzino. Ricordo di averli letti con avidità e non perdevo occasione per assorbirne qualche pagina, e girando la città con i mezzi pubblici, in autobus e metropolitana, avevo tanto tempo per farlo. Sicuramente leggere quei due libri ha segnato un periodo importante della mia vita che ricordo ancora con entusiasmo.

A quell'età era inevitabile che sul pastore King, leader del movimento per i diritti civili degli afroamericani, paladino della resistenza non violenta e premio Nobel per la pace, avesse la meglio il politico militante che a vent'anni era stato arrestato e condannato per possesso di armi da fuoco e per furto, e che aveva scelto per cognome la X, come gli schiavi che rifiutavano il legame con i padroni. Nessuno mi aveva detto che Malcolm X era stato in carcere perché aveva commesso dei crimini: droga, estorsione, rapine. Saperlo mi avrebbe dato coraggio, avrebbe coltivato la mia autostima, forse mi avrebbe fatto guardare diversamente mio padre, mi avrebbe aiutato a capire che l'errore è una casella del percorso, e che tutti si possono rimettere in carreggiata. Nelle pagine dell'*Autobiografia* in cui racconta della prigione avevo sottolineato questa parte:

> Per due giorni vagai incerto tra le pagine del dizionario. Non avevo mai pensato che potessero esistere tante parole! Non sapevo quali parole avrei dovuto imparare e alla fine, tanto per far qualcosa, [...] copiai sul quaderno tutto quello che c'era nella prima pagina. Credo che mi ci volle un giorno intero. Poi rilessi ad alta voce tutto quello che avevo scritto sul quaderno e, per molte altre volte di seguito, rilessi ancora. La mattina dopo mi svegliai pensando a quelle parole, infinitamente orgoglioso perché avevo scritto così tanto in una sola volta e soprattutto perché si trattava di parole di cui ignoravo l'esistenza.

Leggere quelle frasi mi ha fatto capire il potere delle parole. Si poteva reagire scrivendo: questa prospettiva, per un ragazzo cresciuto a Torpignattara schivando le comitive dei "coatti" che si facevano rispettare a forza di pugni, non era un dettaglio e mi aveva aperto un mondo nuovo che ancora non conoscevo. E mi ha fatto capire che è importante sapere come nasce e dove nasce un movimento musicale, perché questo ti permette di non distorcerlo, di non snaturarlo, portandolo in una direzione che non è la sua: per la mia generazione il rap è impegno civile, è uguaglianza, è contenuto, per un ragazzo di quattordici anni forse no.

Per i ragazzi ormai è chiaro che l'aspetto che più mi affascina del rap è la scrittura. Il lavoro sulla scrittura nel rap è un passaggio obbligatorio per tutti, non solo per chi come me ne fa una priorità, ma anche per chi non riempie il suo pezzo di certi contenuti – lavora "leggero", come diciamo noi

– o volutamente gioca sul leggero. In ogni caso, la parola è uno strumento e ogni parola va scelta con attenzione, e metterle bene in fila è un lavoro. Raccontare la realtà, la propria storia e quelle altrui senza utilizzare i soliti cliché, ma utilizzare le rime costruendo uno stile.

Lo stereotipo del rapper che non ha mai aperto un libro perché viene dalla strada è legato a una fantasia che non rispecchia minimamente la realtà. Chi pensa a 50 Cent come un supereroe che si è salvato dalla galera perché un giorno ha scritto le prime cose che gli sono venute in mente sbaglia, ed è questa la prima cosa che mi piace dire ai ragazzi. Voglio che sappiano che i pezzi che ascoltano sono il risultato di un esercizio linguistico.

La prof annuisce, ma gli sguardi dei ragazzi cominciano a vagare. Stiamo andando sull'astratto, devo tornare su un territorio comune.

E se dico *Black Panther* e Kendrick Lamar?

Faccio partire il trailer del film, premio Oscar nel 2019. La faccia di Chadwick Boseman e la musica di Kendrick Lamar riempiono l'aula.

Nel 2018 Kendrick Lamar non ha vinto il Grammy per il disco dell'anno, ma ha portato a casa il Pulitzer per la musica.

Il Pulitzer è il più prestigioso premio letterario americano, che mette tra le arti la musica, al pari di poesia, romanzi e saggi, teatro, storia. Si dice che Lamar passi la maggior parte del tempo a parlare con la gente. Poi rovescia tutto nel pentagramma, iperpotenziando le parole con un beat perfetto per il suo stile. E infatti la motivazione del premio parla di «autenticità del linguaggio», capace di raccontare la realtà con parole precise, efficaci e naturali, personali e allo stesso tempo universali.

«Qual è la vostra realtà?»

È con questa domanda che mi avvicino alla parte pratica dell'incontro, quella in cui i ragazzi diventeranno protagonisti scrivendo i loro versi.

Mani che si alzano: «Ci sono delle regole per scrivere il rap?» «Sono le regole della poesia?» «Ma senza musica come si fa?» «Ci fa un esempio?» (Nonostante io abbia un aspetto più giovanile di molti loro docenti comunque i ragazzi mi danno del lei). Anche i più sfacciati, messi davanti al foglio, prendono tempo.

«Non siamo qui per fare una lezione di teoria del rap» dico.

Spiego che il gergo tecnico che a volte si legge nei tutorial per insegnare l'arte del rapping, suona come una rilettura "da strada" di elementi della poesia e della teoria musicale. Endecasillabi, ottonari... per noi sono una cosa oscura, nel senso che li usiamo inconsapevolmente. Usiamo le forme retoriche, metriche, ma quasi senza saperlo. Il nostro linguaggio è il flow, il fluire delle parole che si organizzano in barre (che viene dall'inglese *bars*, battute) che corrispondono ai versi, si concludono con le rime e si organizzano in strofe. Gli spiego che esiste una tecnica chiamata extrabeat, ovvero l'aumento delle parole pronunciate in una misura grazie a un'intensificazione ritmica. Nel rap la velocità è un valore, una velocità così spinta che a volte rende quasi incomprensibile il testo alle orecchie di chi non è un ascoltatore assiduo. Per fare un esempio metto un brano della serie *Veleno* di Gemitaiz e MadMan (cominciata nel 2009), dove i due rapper si spingono al limite creando un effetto lirico e lessicale davvero sorprendente. Dal primo al settimo brano ogni volta fanno un passo più avanti cercando di superarsi a livello tecnico, e si sono specializzati nel fare rap talmente veloce da doppiare la velocità della strumentale. Poi gli faccio sentire *Thoiry* di Quentin40 che taglia la parte finale di ogni parola creando delle rime continue tutte basate sullo stesso registro:

> Giro a pie' ma non è sopra il cell che voglio un aeropla'
> Bimba attacca lascia pe', "Roma è bella" dice il re.

Quando faccio partire Tedua, conosciuto anche come DanTedua (Dante/Tedua) dico ai ragazzi che lui ha fatto una ricerca a livello linguistico davvero unica: un profano del genere potrebbe trovarsi spiazzato davanti ai giochi di parole che riesce a creare, e a come fluttua sul beat uscendo e rientrando sul tempo a suo piacimento. Un vero fuoriclasse.

Vado al computer e faccio partire *Questa è Roma*. È una canzone che ho scritto nel 2008 (era nella colonna sonora di *Scialla!*) e fa parte della colonna sonora della seconda serie di *Suburra*, quindi la riconoscono tutti. Un refrain di quattro versi e tre blocchi di racconto. È una canzone diretta, che funziona sempre, non servono particolari spiegazioni. I ragazzi sentono il tempo, quell'attacco che si ripete entra in testa e all'ultimo ritornello i ragazzi hanno già quasi memorizzato le parole.

Questa è Roma, i campetti le bische, i quartieri
I coatti, le guardie, le t**** e i mestieri
Questa è Roma i rioni, lo stadio, le bombe
Le spade sotto al fiume, le strade, le sponde
Questa è Roma, i campetti le bische, i quartieri
I coatti, le guardie, le t**** e i mestieri
Questa è Roma i rioni, lo stadio, le bombe
Se è Roma che te chiama, te non te nasconde.

Come in certe filastrocche che abbiamo imparato da bambini e che non dimentichiamo più.

Ambarabà ciccì coccò
Tre civette sul comò
Che facevano l'amore
Con la figlia del dottore
Il dottore si ammalò
Ambarabà ciccì coccò!

Parental Advisory: Voglio raccontare una cosa su *Questa è Roma*. Quando è uscita la canzone, mi hanno invitato in una radio. Lì mi accolgono alcune ragazze del collettivo femminista. Parliamo del disco, a loro piace. Mi dicono però che non passeranno *Questa è Roma*. Mi dicono che nella canzone c'è quella parola, *troie*, che sbriciola il lavoro di riqualificazione linguistica che stanno

> portando avanti. Ascolto le loro ragioni, e le capisco, ma io parlo di campetti, bische, coatti, spade: una parola neutra lì in mezzo non funziona. E il rap americano è pieno di espressioni misogine, antifemministe. Ma in inglese è diverso... La radio passa un'altra canzone, va bene così. La loro riflessione, però, ha buttato un seme, ogni volta che pronunciavo quella parola pensavo alle cose che mi avevano detto. E con il tempo ho scelto di toglierla.

Uso *Questa è Roma* per parlare delle regole, senza entrare nella parte musicale perché non so quanti di loro conoscano la tecnica, e li faccio scrivere senza usare strumentali.

Voglio che il rap sia uno strumento di comunicazione libera e accessibile a tutti, nessuno deve sentirsi escluso. Tutti hanno qualcosa da dire ma scrivere i propri pensieri su un foglio e rappare seguendo il tempo scandito dalla base musicale per la prima volta ad alta voce, anche se è davanti ai tuoi compagni di scuola, può essere difficile per chi è timido o non ha abbastanza fiducia in sé stesso. Non tutti hanno una predisposizione naturale per andare a tempo, e andare a tempo sul beat può essere un ostacolo per chi non lo ha mai fatto in vita sua.

Provate a immaginare una pista da ballo in cui la musica va a 80 BPM. Se vi guardate intorno vedrete gente che balla a tempo senza nessuno sforzo, e altri che si dimenano come forsennati anche se come sottofondo c'è una ballad lenta. Questo è il frutto di un metronomo che è dentro di noi e che difficilmente riusciamo a controllare, o almeno per farlo va affrontato un percorso di studio tecnico molto più complesso della scrittura di un testo. Ho fatto laboratori di rap dalle scuole elementari alle università e ogni volta ho cercato di trattarlo esclusivamente come strumento narrativo staccato dalla parte di composizione musicale.

Dopo *Questa è Roma* clicco su *5 del mattino* che è all'opposto. E che va spiegata. Prima di cominciare infatti chiedo all'insegnante se per lei va bene, le dico che è la mia storia e dentro ci sono aspetti che vanno contestualizzati bene. La prof annuisce.

Queste canzoni sono le due porte per entrare nel mio mondo del rap: una più facile, che arriva dritta per quel refrain un po' coatto come diciamo a Roma; l'altra che li porta dentro la mia storia, in cui alcuni di loro si rispecchiano, e che a tutti dice: parla, è la cosa giusta.

Questa è una storia vera
È la mia storia
Stanno toccando le mie cose
Non posso farci niente sto
In piedi con le mani in testa fermo in un angolo
Mia madre piange, mio padre è lì vicino
Quando guardo l'orologio: cinque del mattino.

Il pomeriggio del giorno di quella storia vera ero con i miei amici in studio ed erano le prime volte che registravo delle canzoni rap. Non avevo neanche ancora pubblicato il mio primo disco.

Torno a casa tardi, lavoro ancora un po' alle rime, poi mi addormento. È buio e qualcuno bussa forte alla porta del nostro appartamento, «Polizia». Due agenti mi intimano di rimanere fermo mentre provo a scendere dalla poltrona letto in cui dormo, nel corridoio di quel mini appartamento di 35 metri quadri, gli altri portano via mio padre e mia madre. La canzone è un resoconto al millimetro di quello che è successo, in quattro minuti e cinquanta.

Quando esce, nel 2006, per me è una liberazione. È come se fossi andato a suonare al citofono di tutti i miei amici, uno per uno, per dire: mio padre era un tossicodipendente e stava in carcere. Qualche amico si stupisce: mica lo sapevo che avevi quella brutta situazione a casa.

E i miei amici non sapevano un cazzo
E io: "Tutto apposto" per non sentirmi in
imbarazzo
Ferita aperta che
Non si rimargina
Quello che ho visto io la gente
Neanche lo immagina
Giorni in cui l'aria qui
Pesava tonnellate
Ho parlato con la fame
E non sono cazzate
M'hai visto sempre lindo fresco e pulito
Ma non mi conoscevi bene adesso l'hai capito.

Questo è il motivo per cui sento il bisogno di spiegare la canzone: mi ha permesso di raccontare cose che non avrei saputo come dire, mi sarei vergognato a dire di mio padre ai miei compagni di scuola, mi sarei vergognato a dire a mia madre il bene che le volevo. Il rap mi ha permesso di farlo, e di farlo attraverso un racconto. Dopo mi sono sentito più leggero.

5 del mattino è lo sfogo di un uomo che ha chiuso i conti con i fantasmi del suo passato, e avevo ventisette anni quando ho scritto quel pezzo. C'è la mia rabbia verso la polizia, ma non voglio che sia letta come un testo di rivolta: quella è la canzone della mia crescita, anche da un punto di vista linguistico ed espressivo, è il compimento di un percorso, e per disegnarlo racconto una brutta storia di quando ero ragazzino, una specie di prova generale di *5 del mattino*, quando avevo voglia di fare polemica ma non avevo ancora le parole. Avevo poco più di tredici anni, mio padre era ai domiciliari. Le guardie gli avevano chiesto di scendere per ritirare dei documenti, ma stava in botta di roba e non se la sentiva. Ero sceso io. Arrivato davanti al portone avevo ritirato quelle carte senza nemmeno guardarli in faccia, e mentre stavo tornando indietro ho sentito che il più giovane dei due agenti aveva detto qualcosa sottovoce, che non avevo capito bene. Sono tornato indietro e, guardandolo dritto negli occhi, gli ho chiesto di ripetere quello che aveva appena detto. Ero un cucciolo d'uomo, costretto a prendermi sulle spalle tutto il peso della sconfitta di mio padre.

«Pensi di mettermi paura? Tuo padre è venuto in Italia a fare il delinquente e tu probabilmente farai la stessa fine.»

Lo aveva detto in modo autoritario, approfittando della sua stazza e soprattutto della divisa che indossava. Quelle parole mi sono arrivate addosso come proiettili, e in un secondo ho sentito scorrere dentro di me tutta la rabbia che avevo sempre represso.

A pensarci ora, a mente fredda, credo di aver provato sulla mia pelle il dolore di tutti i George Floyd. Di ogni fratello che ha cercato una vita migliore sfidando le onde del mare. Di ogni madre che non ha da mangiare per i propri figli ed è costretta a sentire il loro pianto. Quel giorno ho promesso a me stesso che non gliel'avrei data vinta. E l'avrei fatto usando le parole.

Le parole sono uno strumento

Le parole sono delle armi che possono far male. A scuola questo non lo avevo capito, non pensavo si potesse attaccare una persona senza insultarla. Poi, ho cominciato a leggere. Aprivo un libro e trovavo qualcosa di interessante, e ho iniziato a pensare che le parole potevano anche costruire qualcosa, potevano aiutarmi, potevano salvarmi.

Il rap può controllare la conflittualità, lo dico negli incontri e nei miei brani più recenti, ma sono consapevole che esiste il rischio di innescare il processo inverso, e sollecitare un'aggressività incontrollata soprattutto negli ascoltatori più giovani.

Tutta la violenza che avrei voluto sputare fuori quel giorno, e ogni volta che la vita mi ha messo un po' all'angolo, dovevo farla diventare inchiostro per riscrivere la mia storia, e così ho fatto in tantissime canzoni pubblicate in questi vent'anni di carriera come rapper, una carriera in cui mi sono messo a nudo.

«E voi, che storia volete scrivere? *Questa è Roma* o *5 del mattino*?» uso i miei titoli per capire quanti di loro vogliono raccontare il fuori e quanti il dentro, chi si mette in piazza e chi sceglie un ritornello efficace.

«Professoressa, partecipi anche lei» le dico mentre giro tra i banchi e rispondo alle domande dei ragazzi che sono a testa china sui fogli.

Lei sorride e in quel momento mi sento uno di loro, uno dei ragazzi, e uno di loro, un docente. In quest'ultima parte dell'incontro lavoriamo insieme per capire come le parole si possano adattare a una base facendo un taglia e cuci e trovando gli spazi adatti a livello metrico, rendendo il testo scorrevole e con un buon flow.

Nel frattempo Niccolò si occupa di gestire una diretta social dal mio profilo Instagram. È la prima volta che mi fa da assistente, e chiude con una bella foto che ho postato sulla mia pagina con questa didascalia:

> Oggi al liceo Socrate per una lezione di cultura hip hop. Tutte le volte che sento un giornalista in TV parlare in modo superficiale della violenza trasmessa nei testi, o un critico musicale dire che il rap e la trap non sono all'altezza degli altri generi, mi sento coinvolto e cerco di contribuire alla diffusione di giuste informazioni.

Esco e decido di camminare un po'. Nel cortile della scuola media Giuseppe Moscati, accanto al Socrate, c'è un campo da basket intitolato a MC Giaime, Giaime Fiumanò, rapper e writer che dopo tanti anni ancora ci manca. La generosità con cui condivideva con noi, che non avevamo soldi e non potevamo permetterceli, quei fantastici dischi americani e le fanzine che collezionava con cura, ci ha fatto crescere e capire che bisognava guardare altrove.

Oggi come allora aveva ragione Giaime, ed è bello che sua madre abbia deciso di donare tutta la sua collezione all'università di Tor Vergata (sezione musicologia), che si può considerare il primo archivio di musica rap all'interno di un'università italiana, e io sono fiero di aver partecipato alla nascita del "Fondo MC Giaime".

MC, Master of Ceremonies, è un'espressione che significa "maestro di cerimonie". L'MC'ing è una delle quattro discipline che compongono l'hip hop. Spesso MC e rapper vengono usati come sinonimi. In realtà un MC è un rapper, ma il rapper non è sempre un MC.

#caropresidente 2012-2021

Più di mezzo milione di persone
Che vivono nascoste, stranieri in questa nazione
Ci sta Daniel ci sta Amir c'è Simone
Vogliamo i nostri diritti non chiediamo un favore [...]
Il futuro è adesso questa è la realtà
Andate a guardare nelle scuole, nelle università
E se l'Italia è in Europa come Londra e Parigi
Stesso sangue scorre dal Po fino al Tamigi
Ius soli, ius sanguinis non fa differenza
Parlo di esseri umani che usano l'intelligenza
Caro Presidente, una mano sulla coscienza
Se la sfida è il futuro abbiamo perso in partenza.

Caro Presidente

Nel 2012 mi ha contattato Elisa Finocchiaro, una ragazza della mia età che da poco tempo aveva intrapreso una collaborazione con change.org. Avevo la sensazione di aver già sentito parlare di questa piattaforma che raccoglie petizioni, ma immaginavo fosse collegata soprattutto alle questioni ambientali. Proprio non capivo cosa potessero volere da un rapper.

«Amir vogliamo fare qualcosa per le seconde generazioni e abbiamo pensato a te.»

Ecco, ho pensato, è l'ennesima proposta di collaborazione gratuita che arriva da una delle tante associazioni che già in quel periodo si occupavano a tempo pieno della "battaglia" per il riconoscimento della cittadinanza italiana alle ragazze e ai ragazzi nati qui da genitori stranieri.

Sbagliato.

Questa volta la richiesta era diversa, più strutturata. Avevano un piano d'azione dettagliato e un budget da investire.

Elisa aveva ascoltato alcune mie canzoni come *Straniero nella mia nazione* in cui affrontavo questa tematica, quindi mi aspettavo che mi chiedesse di scrivere un pezzo nuovo da usare come lancio della campagna.

Sbagliato, di nuovo.

Mi ha proposto di scrivere un appello destinato al presidente della Repubblica per chiedergli di parlare delle cosiddette seconde generazioni durante il discorso di fine anno, quello trasmesso in televisione a reti unificate, perché farlo avrebbe sensibilizzato l'opinione pubblica su un problema legislativo che toccava tantissime persone.

Mi sono preso un paio di giorni per riflettere e capire come usare al meglio quell'occasione. Ho proposto a Elisa di farmi realizzare una canzone che sarebbe stata veicolata sul web grazie a un videoclip, e che a quel videoclip avremmo legato il link alla lettera al presidente. Quando le ho parlato avevo già tutto chiaro nella mia testa: sapevo chi poteva farmi la base, chi avrebbe messo a disposizione lo studio di registrazione, e chi sarebbe stato il regista del videoclip. Tutta gente del mio giro e con cui avevo già lavorato. Elisa ha accolto subito la mia idea e si è proposta di aiutarmi per il testo, in cui abbiamo usato alcune parole che alle mie orecchie suonavano ancora poco chiare, come *ius sanguinis* e *ius soli*. Lei mi ha spiegato meglio il significato di queste due espressioni, e quali conseguenze hanno sulla vita delle persone. Le parole sono questo: lettere con un bel suono che aggregate significano qualcosa, e quel qualcosa condiziona la nostra esistenza.

Secondo la legge, che è stata introdotta nel 1992, il solo modo di acquisire la cittadinanza è lo ius sanguinis, un'espressione latina che significa "diritto di sangue": un bambino è italiano se almeno uno dei genitori è italiano. Un bambino figlio di genitori stranieri, anche se nato in Italia, può chiedere la cittadinanza solo dopo aver compiuto 18 anni e se fino a quel momento ha vissuto "legalmente e ininterrottamente" in Italia.

Questa legge è ormai fuori dal tempo e dalla realtà: sono decine di migliaia i bambini figli di genitori stranieri nati e cresciuti in Italia, e serve una nuova legge adeguata ai tempi.

Si parla quindi di ius soli, altra espressione latina che significa "diritto legato al territorio": chi nasce in un certo Stato ottiene automaticamente la cittadinanza, come succede negli Stati Uniti, in Canada, in alcuni Paesi dell'America Latina, e in alcuni Paesi dell'Unione Europea, come la Francia per esempio. Questa forma è quella che si definisce ius soli puro, invece la legge che è stata presentata al Senato nel 2015 parla di ius soli temperato, secondo il quale un bambino nato in Italia diventa automaticamente italiano se uno dei due genitori si trova legalmente in Italia da almeno cinque anni.

È vero che avevo già scritto brani in cui parlavo di queste cose, ma lo avevo sempre fatto in modo istintivo e senza pensarci troppo, utilizzando uno stile diretto e senza usare parole di cui non conoscevo il significato, e di certo il latino non era parte del mio linguaggio...

Lì per lì mi sembrava strano ritrovarmi a scrivere un pezzo rap in cui inserivo parole e figure retoriche che mi venivano suggerite da un'altra persona ma, a pensarci bene, non stavo facendo niente di nuovo...

Rap è riciclo

Facciamo un passo indietro, e ci ritroviamo nel futuro. Qualche mese fa Rondo Da Sosa, uno dei giovani rapper più seguiti di Milano (nato nel 2002), ha fatto un post in cui diceva:

> Sono il maggior esponente della drill italiana, i fatti parlano. Sono stato il primo a portare la drill italiana in Inghilterra, Europa e overseas.

Il post segue la notizia che il magazine britannico «GRM Daily», che conta quasi due milioni di follower, ha selezionato sette tracce provenienti da diversi Paesi, e per l'Italia è stata scelta *Louboutin* di Rondo Da Sosa e Vale Pain con la dicitura «Italian drill is hard». La drill è un sottogenere di rap che è nato nella prima decade del duemila a Chicago, e successivamente si è diffuso a livello globale trovando in Inghilterra terreno fertile. Lì si è evoluto ibridandosi con altri sottogeneri come il grime, creando quella che oggi viene chiamata UK Drill. La particolarità a livello musicale è che le basi hanno un ritmo molto sincopato, e il contenuto dei testi è legato principalmente alla vita di strada. I sobborghi di Londra e quelli di Chicago hanno in comune, purtroppo, una forte presenza di violenza tra bande che fanno di questa musica la loro colonna sonora.

Il verbo del rap non è inventare, ma rielaborare. E il valore è dato dall'originalità con cui si rielaborano elementi già esistenti. Il rap è un'economia di recupero, potremmo dire anche di riciclo intelligente: costruisco un tappeto sonoro su cui mettere le parole prendendo quel che serve, pezzi, a volte frammenti davvero minuscoli, di dischi trovati a casa, al mercatino delle pulci, prestati da un amico. Quando ho cominciato a fare rap, noi quasi ci vergognavamo della tradizione musicale italiana, volevamo usare solo break (un interludio strumentale, di solito eseguito con percussioni) della musica soul e funk americana. Qualche volta provavamo a mascherare le tracce, dicendo che ci eravamo "ispirati" a quella canzone, perché non volevamo che poi si dicesse "eh ma quello ha copiato".

Oggi tutto questo paravento non esiste più, i ragazzi fanno del typebeat una bandiera. Non c'è alcun bisogno di spiegare di aver preso quel passaggio perché... è alla luce del sole, ed è un punto di forza: ho preso quel pezzo perché è perfetto per completare il mio pezzo. È quasi un omaggio a chi prima di te, magari dall'altra parte del mondo, ha composto quel passaggio musicale che renderà la tua traccia migliore. Il typebeat è una sorta di ammissione del tipo: "Mi sono ispirato a" e oggi per un ragazzo che si avvicina alla produzione di basi musicali è una cosa normalissima da scrivere in descrizione del suo video caricato su YouTube (e aiuta anche gli utenti nella ricerca sfruttando delle parole chiave). Se in un determinato periodo va di moda il suono di un producer troverete centinaia di typebeat in rete che riportano il suo nome. Ad esempio se provate a digitare su YouTube «Charlie Charles typebeat» ne troverete a centinaia, e non è un caso visto che è il producer che firma la musica di tutte le canzoni di Sfera Ebbasta, che è uno dei rapper più seguiti e a sua volta più imitati. Questo ha ribaltato le cose rispetto alla mia generazione che invece tendeva a vantarsi di una sua originalità, e anche se qualcuno si fosse ispirato palesemente a un producer d'oltreoceano forse lo avrebbe tenuto nascosto. Questo può succedere anche quando il typebeat è ispirato al rapper. Se digitate "Capo Plaza typebeat", troverete chi si è ispirato al tipo di basi che usa solitamente quell'artista.

Quando è morto Ennio Morricone, ci siamo ritrovati sbigottiti a leggere quanti artisti hip hop americani lo abbiano campionato per realizzare delle basi musicali, e lo hanno ricordato dicendo che la sua musica viveva ancora in molte delle loro canzoni. Eh sì, Morricone, maestro nel mescolare la musica raffinata a quella popolare, ha lasciato un segno anche nel rap statunitense: Jay-Z, Nas, Eminem, The Alchemist, Havoc, Westside Gunn e tanti altri.

Oggi è normale per me usare le parole in forme di comunicazione che non sempre sono legate a un beat, ma dieci anni fa (quasi) il rap era l'unico strumento verbale che usavo per dire quello che pensavo. Ancora non avevo esplorato il potere dello slam poetry e della poesia, in cui le parole possono viaggiare da sole, liberandosi dalla gabbia della musica. Nel 2018 mi hanno invitato come special guest a Slam X, un festival di reading e performance che ospita rapper, poeti, performer, musicisti e scrittori. Quell'anno il festival si intitolava Il Genere Errante, inteso come genere umano che viaggia senza punti di riferimento, ed era dedicato alla memoria di due giovani rapper, Alberto Dubito e Hafiz Brc Mohamed. A quell'edizione con me c'erano, tra gli altri, Antonio Dikele Distefano, Davide Toffolo, Espérance H. Ripanti. E poi c'erano Karima 2G e Wissal Houbabi. È sostanzialmente una gara in cui due poeti si sfidano sul palco leggendo i propri versi, ma lo slam è molto di più. È un modo di portare la poesia ai giovani, è sport e arte della performance, è poesia sonora.

1:35

Per *Caro Presidente* ho pensato che non era necessario scrivere un pezzo canonico da due o tre strofe intervallate da ritornello, come già avevo fatto per altri brani, e ho scritto una classica strofa da sedici battute aggiungendo un ritornello solamente in chiusura. Questo per concentrare il contenuto del testo in meno barre possibili. Del resto quella non era una canzone rap, ma una petizione in musica e questo mi faceva sentire libero di uscire dallo standard dei brani che durano in media tra i tre e i quattro minuti.

Nel 2012 fare una canzone di un minuto e trentacinque secondi non era per niente scontato. Qualche anno dopo è diventata una tendenza, e oggi è una cosa normalissima ascoltare il brano di un rapper che duri poco più di un minuto: si usa questa modalità soprattutto quando vengono realizzati dei freestyle che fanno da apripista al lancio di un nuovo album. Per la parte musicale volevo un beat che avesse un suono potente ma allo stesso tempo minimale: dovevo avere lo spazio necessario tra le note per poter dare risalto alle parole e allora ho preso come riferimento la base di *Grindin'*, un pezzo dei Clipse, uno dei miei gruppi rap preferiti di cui il leader, Pusha T, è una tra le penne più infuocate del rap game e attualmente presidente dell'etichetta Good Music di Kanye West. In quel periodo vivevo in una casa nel quartiere Ostiense con due coinquilini ventenni, uno di loro aveva in cameretta un *home studio* con tutto il necessario per creare un beat e ho chiesto a lui di realizzarlo. Quel ragazzo che al tempo si faceva chiamare QD ed era un giovane beatmaker emergente, oggi è conosciuto a livello nazionale come Dat Boi Dee ed è tra i produttori musicali più freschi della scena urban italiana che ha firmato basi per artisti del calibro di Geolier, Enzo Dong, Samurai Jay e Lele Blade, solo per citarne alcuni.

Ricordo bene che per scrivere il testo ho cercato informazioni e dati sulla vita dei ragazzi di seconda generazione, esploravo il cambiamento di questi numeri nei vari Paesi europei. Mi sentivo un po' una via di mezzo tra un sociologo e un rapper, ma la scelta di approfondire l'argomento usando le statistiche è stata vincente, infatti il brano si apre in modo esplicito ma ragionato: all'epoca le cifre erano quelle, più di mezzo milione di ragazze e ragazzi, giovani adulti erano costretti a vivere come stranieri nel Paese in cui alcuni di loro erano nati. La cittadinanza era un loro diritto, non una concessione.

A metà dicembre abbiamo lanciato il videoclip e i media ci hanno dato molto spazio, da «la Repubblica» alla Rai passando per varie testate online e devo dire che ha avuto un successo inaspettato, almeno per me che ero abituato a confrontarmi con un pubblico di nicchia legato principalmente alla passione per l'hip hop. Scrivere *Caro Presidente* mi ha fatto capire quanto poteva essere potente il rap come mezzo per smuovere le coscienze e per fare attivismo civico.

Sotto il video c'era la scritta FIRMA LA PETIZIONE, che rimandava alla lettera che avevo scritto al presidente Napolitano.

> Caro Presidente,
> mi chiamo Amir e sono un rapper che più volte nelle sue canzoni ha dato voce ai ragazzi di seconda generazione. Nonostante io abbia la cittadinanza da sempre (mia madre è italiana), molte volte sono stato considerato uno straniero per via delle mie origini egiziane. Il problema oltre ad essere legislativo è culturale, dovrebbe cambiare la percezione di come è fatto un italiano nel 2012: non è necessariamente "bianco" ma può essere di carnagione scura, avere occhi a mandorla, avere

capelli afro... Di fatto però non sono cittadini italiani i nati in Italia da genitori di origine straniera. È cittadino solo chi è nato da italiani, mentre il bambino che nasce in Italia da due stranieri viene iscritto all'anagrafe come straniero. I bambini e i ragazzi che vivono questa situazione sono oltre mezzo milione in Italia. Vorrei chiederle, Presidente Giorgio Napolitano, di porre questa questione durante il suo discorso di fine anno a reti unificate, sollecitando la politica a mettere questo tema tra le priorità da risolvere nel 2013. L'identità di questi ragazzi non viene fatta corrispondere con la loro identità giuridica. Per lingua, cultura, abitudini, sono italiani, ma possono diventarlo a tutti gli effetti solamente a 18 anni, e fino a quel giorno devono vivere in Italia con il permesso di soggiorno, diversamente da quanto accade in altri Paesi dove è lo *ius soli* a contare, come negli USA, in Canada e in altri Paesi europei. È evidente che c'è un *gap* tra lo *status* giuridico e l'identità personale: un'intera generazione cresce e rischia di restare straniera nel Paese che sente proprio, in cui è nata, si è formata, e nel quale intende restare per sempre... So che lei è molto sensibile al tema e durante il discorso di fine anno tutto il paese la ascolterà per capire cosa ci aspetterà nel 2013. Per questo le chiedo di usare questa occasione per ribadire la sua convinzione che tutti coloro che nascono in Italia debbano essere considerati italiani affinché il 2012 possa essere l'ultimo anno in cui questo diritto non venga riconosciuto.
Grazie,

Amir

Nel giro di pochi giorni abbiamo raggiunto diecimila firme e anche se oggi la petizione si è chiusa, facendo una ricerca si può vedere che in questi anni ha continuato a crescere raggiungendo un picco di settantamila adesioni. Sapere di aver contribuito anche in minima parte alla costruzione di un'Italia migliore mi emoziona.

> Un augurio affettuoso a tutti voi, uomini e donne d'Italia, che vivete e operate in patria e all'estero, e in particolare a quanti servono da lontano la nazione, in suo nome anche rischiando la vita, come nelle missioni di pace in tormentate aree di crisi. [...] Prospettare una visione per il futuro delle giovani generazioni e del Paese è importante fin da ora, senza limitarsi ad attendere che nella seconda metà del 2013 inizi una ripresa della crescita in Italia e adoperandosi perché si concretizzi e s'irrobustisca. [...] Una rinnovata visione dello sviluppo economico non può eludere il problema del crescere delle diseguaglianze sociali. [...] E quindi come Paese solidale che sappia aver cura dei soggetti più deboli, garantendoli dal timore della malattia e dell'isolamento, che sappia accogliere chi arriva in Italia per cercare protezione da profugo o lavoro da immigrato e offrendo l'apporto di nuove risorse umane per il nostro sviluppo. Paese, quindi, l'Italia, da far crescere aperto e inclusivo: già un anno fa, avevamo 420 mila minori extracomunitari nati in Italia – è concepibile che, dopo essere cresciuti ed essersi formati qui, restino stranieri in Italia?

L'appello è arrivato a destinazione e ha ricevuto accoglienza nel discorso di fine anno di Napolitano. Le idee, anche se partono dal basso, da una periferia, da una casa, possono arrivare a tutti. La musica può essere un mezzo efficace per fare "rumore". Nel 2015 eravamo ancora fermi al discorso di Napolitano, anche se l'Italia aveva un nuovo presidente, Sergio Mattarella, e un nuovo presidente del Consiglio.

A febbraio di quell'anno, con Karima 2G e Mauro Valenti, fondatore di Arezzo Wave Italia, sono stato alla Camera dei deputati per chiedere a Matteo Renzi un impegno concreto.

> Egregio Presidente Renzi,
> Le scrivono due rapper. Ci chiamiamo Karima e Amir, e ci rivolgiamo a Lei in qualità di ambasciatori della regione musicale Arezzo Wave Ius Soli, territorio virtuale (ma non troppo) pensato per sensibilizzare il mondo culturale nazionale su quelli che sono i numeri, i problemi, i limiti del vivere e lavorare per artisti che sono italiani a tutti gli effetti ma non per lo Stato. Le chiediamo, con l'introduzione dello *ius soli*, di adottare, concretamente e nel più breve tempo possibile, provvedimenti che riconoscano ai figli di immigrati il diritto di cittadinanza. Siamo convinti che la cittadinanza non debba essere un merito, ma un diritto. Se sarà questo governo o il prossimo, non possiamo saperlo, e secondo noi non è una questione di politica, ma di civiltà.

È un pezzo della lettera che con Karima 2G ho scritto al premier per tornare a parlare del diritto di cittadinanza per chi nasce in Italia da genitori non italiani.

Alla fine del 2015 la legge, che allarga i criteri per ottenere la cittadinanza ai bambini nati in Italia da genitori stranieri o arrivati in Italia da piccoli, viene approvata dalla Camera ma non dal Senato.

Sono passati dieci anni...

...e la situazione è ancora questa. Cambiano presidenti, colori e maggioranze, eppure noi continuiamo a viaggiare con la legge del 1992: vige lo ius sanguinis.

A novembre 2020 ho collaborato a *Sono nato qua*, un rap di denuncia, duro, che racconta la storia di Luca Neves, nato e cresciuto a Roma e ancora in attesa di ottenere la cittadinanza italiana. Una storia che è la storia di tanti "nuovi italiani" incastrati nella burocrazia di un Paese che non vuole riconoscerli.

Luca Neves è nato nel 1988 all'ospedale Regina Elena di Roma: è il terzo di quattro figli di una coppia di capoverdiani arrivati a Roma negli anni Settanta. È un rapper, e lavora come chef. È qui da tutta la vita, ma secondo le istituzioni non esiste. O meglio, esiste come immigrato irregolare. Secondo la legge 91/92, in quanto figlio di genitori regolarmente residenti e nato in Italia, entro un anno dal compimento dei 18 anni deve fare la domanda per ottenere la cittadinanza. Quell'anno Luca perde sua madre. Presenta i documenti con qualche mese di ritardo, quando ha appena compiuto 19 anni, ma la legge a riguardo è inflessibile e lui entra in un groviglio burocratico infinito. Si sente rifiutato e smette di rinnovare il permesso di soggiorno.

Quella scelta non porta a nulla di buono.

Il rischio è l'espulsione, e lui ci va molto vicino. Nel 2012 gli arriva il primo foglio di via e Luca lo ignora. Lo Stato ignora lui? Lui ignora lo Stato.

Nel 2019 decide di affrontare di nuovo la macchina burocratica. Prende un appuntamento all'Ufficio immigrazione. Sembra tutto semplice, basta una domanda di ricongiungimento familiare ed è fatta. Ma dal database salta fuori la storia del foglio di via. Il rischio è che venga rimpatriato. Lo portano in una cella di sicurezza e gli dicono di aspettare. Con il cellulare riprende quello che gli sta accadendo e invia il video agli amici, lo posta sui social.

Lo rilasciano dopo dieci ore, con un foglio in cui si dice che è nato a Capoverde, non a Roma. Ora è davvero un immigrato. O meglio: l'hanno fatto diventare un immigrato. «Schiavo di uno Stato tanto complicato, can you feel me?»

[Luca] Tra cinque anni sono trentacinque
Mi avete tolto le ali per troppi anni
Senza un'identità nonostante nato qua
Dimmi dove vuoi mandarmi
So' cresciuto a Trigoria
Siediti tranquillo Roma city è la mia storia.

[Amir] Sono un uomo fuori da qualsiasi razza
Meglio sotto terra che un'identità falsa
E la mia gente stanca ormai di lamentarsi
Studiare e lavorare senza poi realizzarsi

È il rispetto che qua devi guadagnarti
Un permesso di soggiorno per sentirti come gli altri.

Basta entrare in una scuola qualunque, non solo di periferia, ma del centro di Roma, di Torino, di Milano, di Napoli, di Palermo, per rendersi conto che l'Italia è cambiata. Tanto che quando poco tempo fa sono stato in una scuola del centro, sono rimasto stupito che alla domanda: «Qualcuno di voi ha i genitori che vengono da un altro Paese?» non si sia alzata nessuna mano, ormai non succede quasi più.

Oggi in ogni aula ci sono bambine e bambini, ragazzi e ragazze che costituiscono quel 10%, poco meno di un milione, di studenti "stranieri". Ma chi è uno studente "straniero"? Se è nato in Italia, è straniero? Per la legge sì, per la classe dove studia ogni mattina in genere no. In fatto di razzismo e discriminazione, i ragazzi sono più avanti dello Stato.

E che cosa ci rende più cittadini del fatto di parlare la stessa lingua (gli studenti che la legge considera "stranieri" parlano italiano, romano, torinese, milanese, napoletano) e insieme conoscere la nostra Costituzione, la legge fondamentale dello Stato italiano, la struttura che lo ordina nelle sue leggi e lo regola nei suoi principi, indicandoci diritti e doveri?

E allora perché non pensare a un progetto che metta insieme i due aspetti? Educazione civica rap, un progetto che attraverso il rap (che in fondo è anche sinonimo di lingua) fornisca strumenti adeguati per formare nuovi cittadini, i cittadini di domani, che in quel testo si riconosceranno, e non in base al colore della loro pelle, o al sangue dei genitori.

La Costituzione in rap, atto I

All'inizio del 2018, al Salone Snaporaz di Cattolica, Pierfrancesco Pacoda organizza *Potere alla parola*, un ciclo di incontri che si intitola come il suo libro. Pierfrancesco, che è un critico musicale tra i più preparati, ha avuto l'idea interessante di provare a raccontare la nuova musica italiana attraverso sei appuntamenti. Io sono il primo della serie. Ecco il mio incontro in cartellone: «Amir, l'hip hop e la creatività di seconda generazione».

Nella ricorrenza dei settant'anni dall'entrata in vigore della Costituzione (1 gennaio 1948), e ottant'anni dopo la promulgazione delle leggi razziali (5 settembre 1938), l'assessorato Scuola e politiche educative di Cattolica aveva elaborato un progetto sulla memoria rivolto ad alcune classi della scuola primaria e alle classi della scuola secondaria di primo grado che si sarebbe tenuto tra fine 2018 e inizio 2019. «Perché non parlare di Costituzione e diritti attraverso le canzoni?», mi chiede Valeria Antonioli, (oggi ex) vicesindaca e assessora alla Scuola, che quella sera assiste al mio incontro allo Snaporaz. «*Straniero nella mia nazione*, *Non sono un immigrato*, parlano di integrazione, immigrazione, diversità. Oltre che applicata, la Costituzione va continuamente spolverata, e allora perché non usare il rap come strumento didattico per insegnarla ai ragazzi, i cittadini più giovani?»

Un anno dopo lo Snaporaz, «la Determinazione Dirigenziale n.114 del 19702/2019 approva il progetto *Power the people* che propone un laboratorio sul linguaggio hip hop trattando i temi della Costituzione e i diritti sociali rivolto alle classi quinte della scuola primaria a cura dell'artista Amir Issaa, rapper e produttore discografico italiano».

A marzo si comincia. Il progetto del laboratorio prevede quattro giorni di incontri, ed è diviso in due parti: la prima si tiene il 21 e il 22 marzo, e consiste nella presentazione teorica del laboratorio; la seconda, che viene fissata a inizio maggio, sarà quella pratica, di attività.

La scuola mi chiede un elenco delle cose che serviranno, oltre a carta e penna. Il mio elenco dura un minuto: microfono, uscita audio cui collegare il mio PC portatile (per le proiezioni e se servono basi musicali), proiettore video e possibilità di essere collegati a Internet tramite il PC. Tutto qui.

20 marzo, arrivo alla stazione di Cattolica-San Giovanni-Gabicce. Sono partito il giorno prima per fare un giro in città. Cerco sul telefonino qualche informazione pratica: "Cattolica è l'ultima città della costa romagnola, quasi al confine con le Marche. Ha meno di ventimila abitanti, e fa parte della provincia di Rimini", un posto che la musica ce l'ha nel sangue. Il nome forse deriva da un fiume che scorre qui, è citata nella *Divina Commedia*. Associavo questi luoghi alle discoteche in voga negli anni '90. Quando ero ragazzino ci si spostava da tutta la penisola per venire a ballare nei club della riviera romagnola e nel nostro immaginario era la piccola Miami italiana, anche se un po' più provinciale.

Vado in albergo a posare lo zaino, faccio una passeggiata fino al mare, poi ci vediamo con gli organizzatori per un ultimo ragguaglio prima dell'incontro. Al laboratorio partecipano le quinte di due scuole elementari, Repubblica e Carpignola. Repubblica, che prende il nome dalla piazza su cui affaccia, è la scuola di chi vive nella zona del centro e del mare, lì vicino c'è un centro culturale che comprende teatro, biblioteca e cineteca. A Carpignola, che è in via Primule, vanno i ragazzi che vivono in periferia, ha uno spazio interno che viene usato per fare spettacoli, un laboratorio multimediale, lì vicino c'è un campo sportivo, un bel parco e la piscina coperta.

Il mio pubblico di domani saranno cinque classi di bambini di dieci anni. Gli insegnanti li hanno preparati nei giorni precedenti, parlando della Costituzione. Adesso tocca a me. Ho ancora bene in mente le parole che Valeria Antonioli mi aveva detto qualche mese prima allo Snaporaz: «La Costituzione va continuamente spolverata», e io mi preparo a farlo, usando il rap. Proietto il video *Guerrieri*.

E non ci credere a chi dice che è impossibile
ripartendo da zero tutti i giorni oltre ogni limite
Sotto il sole che riscalda la terra
Nessun altro che può farlo per te
Ogni mattina in queste strade è una guerra
quando la vita se la prende con te
SIAMO GUERRIERI
Ogni giorno in battaglia, noi senza medaglia
Se vinci qua è soltanto per te
SIAMO GUERRIERI
Ogni giorno in battaglia, noi senza medaglia
SIAMO GUERRIERI
E non aver paura se la vita rema contro
Non sei solo in questo viaggio, ci sta mezzo mondo.

Tutte quelle facce che scorrono, che rispecchiano le parole della canzone, sono il mio modo di spolverare la Costituzione, di raccontare un'Italia che è fatta di tanti guerrieri: il ragazzo con il cappuccio della felpa sulla testa, l'operaio del cantiere, la ragazza che si laurea con la corona d'alloro, le facce di chi sta alle bancarelle del mercato tra la frutta e la carne, il corriere con gli scatoloni da consegnare, gli skater, il cestista in carrozzina, la bambina sulle spalle del papà, il taxista, i vigili del fuoco, il calciatore, l'operatrice ecologica. Nel 2019 questa canzone è stata inserita in un libro per le scuole, *Mondi narrativi*, insieme a testi di altri autori come Pino Daniele e Francesco De Gregori, ed è una bella ricompensa per il lavoro che ho svolto in tutti questi anni.

Il primo giorno è andato, abbiamo messo le fondamenta. Domani abbiamo altre due ore per lavorare alla costruzione.

Ho deciso che proietterò il video di *Scialla!*, e spiegherò come ho scritto il testo.

Nel periodo in cui stavo lavorando alla colonna sonora del film, era il 2011, mi ero trasferito a vivere da solo per la prima volta nella zona di Portuense. Avevo preso in affitto una stanza, condividendo un seminterrato con Kassim Yassin, un attore e regista di origine somala con cui ho ancora un bel rapporto di amicizia, ed è proprio in quella casa che mi sono ritrovato a scrivere il testo della *titletrack* del film. Volevo che il brano piacesse al grande pubblico ma allo stesso tempo pensavo che il target fossero gli adolescenti. Per non creare un effetto *boomer*, come si dice oggi, mi sono fatto aiutare dal figlio di

Francesco Bruni, Arturo, oggi noto come Side Baby, rapper ed ex membro della tanto discussa Dark Polo Gang. Al tempo lui non rappava e l'incarico che gli avevo affidato era di sedersi accanto a me e darmi le parole giuste per costruire la canzone. Arturo mi ha fatto una lista di oggetti e situazioni che rappresentavano la sua quotidianità e io ci giocavo inserendo la parola "scialla" tra un passaggio e l'altro.

> Tutto apposto quando è scialla brillo sotto il sole
> Soldi in tasca quanto basta e ai piedi scarpe nuove
> È scialla come a scuola, entri in seconda ora
> Quando sei con gli amici è scialla! La giornata
> vola.

A fine lezione ci salutiamo, dico loro che quando ci rivedremo, il 9 maggio, saranno loro a farmi sentire le loro canzoni. E invece... qualche giorno prima spunta fuori un impegno imprevisto.

Non voglio però rimandare l'incontro, ho lasciato cinque classi di ragazzini con una serie di indicazioni perché possano lavorare alla creazione di una canzone rap usando i temi delle leggi costituzionali, come richiede il progetto, perché anche loro capiscano che c'è un altro modo di "spolverare" la nostra Costituzione: usando la cultura dell'hip hop.

E allora che si può fare?

Usiamo la DAD prima della DAD.

Parlo con le maestre e ci organizziamo seguendo il promemoria che avevamo concordato: lettura e condivisione dei testi che hanno scritto i ragazzi, evidenziare quello che funziona, correggere quello che non funziona, mescolare i testi e comporre la loro canzone. Anziché farlo in aula con loro, lo farò da casa mia. Chiedo ai ragazzi che rileggano i testi che hanno composto e che me li mandino, la professoressa li raccoglierà e farà un file unico.

Li leggiamo e ne parliamo insieme. A quel punto scegliamo i versi che ci servono, prendendoli dalle varie canzoni, e componiamo un testo. Lo rappo sul telefonino e glielo mando.

In questo modo hanno il tempo per fare le prove, per sentirsi insieme, per capire se la base che ho scelto accompagna bene le parole che vogliono usare. Trovare le basi in rete è piuttosto semplice: in questo caso ho scelto *Happy Jazz Piano Oldschool Hip Hop Instrumental*. Indicare con un aggettivo il tipo di base che si sta cercando facilita le cose: *happy*, perché volevo un tappeto sonoro allegro, ma basta un cambio di aggettivo e posso trovare basi più aggressive, più ritmate, più lente, insomma in rete c'è un tappeto sonoro per ogni tipo di testo.

E questo ha detto Valeria Antonioli nell'intervista a un giornale cittadino: «Siamo molto felici di questi incontri con l'artista nelle nostre classi. Ci ha aiutati a riflettere su temi importanti portando una allegria contagiosa. Ho fortemente voluto questa attività dopo averlo conosciuto di persona lo scorso anno, a gennaio, in occasione della presentazione del suo libro al Teatro Snaporaz. Mi ha subito colpito con le sue parole e ho immaginato che il linguaggio del rap potesse essere da stimolo per i ragazzi. Una esperienza che reputo sia stata particolarmente formativa».

E anche per me è stata un'esperienza interessante, le cinque classi che hanno partecipato hanno composto un testo che ha messo insieme la Costituzione e la tecnica del rap, per fare il *Rap della Costituzione*. Giudicate voi.

Noi bambini, siamo il futuro
E non vogliamo costruire nessun muro
La Costituzione è senza distinzione
Tutti fratelli in questa nazione.

L'articolo 34 è molto importante
Devi andare a scuola per diventare grande
La scuola è libera come il sapere
Entra nella testa senza mai cadere.

Muore l'ambiente e tutta la gente
Se non stai attento ti porta via il vento.
Due persone litigano e trovano la soluzione:
Ecco a cosa serve la Costituzione.

Scappo da una guerra, sto cercando aiuto
Cerco una luce che si accenda in un minuto.
Sto cercando pace ed accoglienza
Senza che qualcuno mi dia una penitenza.

Il razzismo è cattiveria allo stato puro
È come sbattere contro un muro.
Il razzismo oggi stesso deve scomparire
E nel cestino deve finire.

Musica contro le discriminazioni

A maggio del 2018 ho ricevuto un altro invito importante, da Udine, per partecipare all'evento conclusivo del progetto «Il piacere della legalità? Mondi a confronto», un percorso formativo sui temi dell'etica e della responsabilità che coinvolge studenti e detenuti riguardo a legalità, migrazioni, guerre, violenza di genere.

Il percorso è sostenuto dall'Associazione Vicino/Lontano, che ogni anno organizza un festival intitolato a Tiziano Terzani, il grande scrittore viaggiatore. Per un anno gli studenti di molte scuole della città lavorano a un progetto che fa incontrare studenti e detenuti. Dal confronto di questi due mondi nascono un dialogo e un ragionamento sugli effetti che possono avere le azioni che si compiono e sulla responsabilità individuale.

A fine percorso, i ragazzi presentano i risultati del loro lavoro durante una giornata al Teatro Nuovo Giovanni da Udine. Sul palco, insieme ai ragazzi, ci saranno alcune persone che loro hanno individuato come testimoni dei valori di coerenza, libertà e legalità. «La musica per combattere le discriminazioni», è il titolo dell'intervento che mi hanno chiesto. Con me ci sono Yvan Sagnet, che ha fondato l'associazione contro il caporalato NoCap, Lirio Abbate, giornalista e scrittore, e gli esponenti di tre associazioni.

Venerdì 11 maggio, 8:30. Il teatro più grande della città, quasi 1300 posti, quel giorno è pieno.

Si comincia. Presentazione e saluti delle autorità. Video dei ragazzi del carcere e degli studenti di due licei. Lettera aperta ispirata ai dialoghi con i detenuti, musica in sottofondo. Poi è il mio turno.

Mentre ascolto i ragazzi del carcere nel video, il discorso che avevo pensato è andato in pezzi, mi è venuta in mente mia mamma, e come sarebbe orgogliosa di vedermi su quel palco.

Cambio partenza e comincio da lei, una ragazza italiana figlia di un soldato andato in guerra in Africa con Mussolini, che si innamora di mio padre, un egiziano emigrato a Roma. Mettersi insieme è stato un problema, e a quello presto se ne è aggiunto uno più grande. Mio papà entra in carcere quando ho tre anni ed esce quando ne ho sedici. Per tutta l'adolescenza, quando avevo bisogno di qualcuno da cui imparare, qualcuno da imitare, mio padre non c'era. Andare a trovarlo in carcere con mia madre era faticoso, era difficile. Lei cercava di proteggermi, ma quella era la nostra vita e non potevamo inventarcene da capo un'altra. A casa l'aria era triste, a scuola le cose andavano male, nessuno mi dava fiducia. Mi sembrava di stare sempre sotto la nuvola della pioggia dei fumetti, poi è arrivato uno con un ombrello: un professore di ginnastica che mi portava a correre e mi faceva parlare. Lui mi ha messo al riparo, ma anche io ho fatto la mia parte: ho cercato un modo non pericoloso per sfogare la rabbia che avevo dentro. Ho cominciato a scrivere delle rime, e da allora non ho più smesso.

Ecco dove nasce la musica che combatte le discriminazioni.

Mi viene in mente che qualche anno fa Biennale Democrazia, una manifestazione culturale promossa dalla città di Torino, mi aveva invitato a partecipare a un incontro intitolato: «Rap e democrazia. Dai quartieri alla nazione».

Mi avevano chiesto di raccontare la mia storia e io avevo detto che quando guardavo i video degli artisti hip hop su MTV (oggi è una specie di preistoria), pensavo che uno come me, che abita in un quartiere alla periferia di Roma, con un padre in carcere, non ce l'avrebbe mai fatta ad arrivare lì. E invece, da quelle prime rime, di strada ne ho fatta.

E non ho mai scritto di quanto è figo lo spaccio, la strada, salvarsi da una retata della polizia. Mio padre era tossicodipendente, a casa mia venivano i criminali e veniva la polizia, e non è figo avere dieci anni e trovarsi lì, non è figo a venti, non è mai figo. Ecco quello che voglio dire ai ragazzi quella mattina al teatro di Udine, e a quelli di tutte le scuole dove vado: ero piccolo, e ce l'ho fatta, nessuno è un perdente, tutti abbiamo una seconda possibilità, e tutti possiamo riscattarci. Dobbiamo solo volerlo, alzare la testa e andare avanti. Non dobbiamo pensare che qui "fuori", dove siamo noi, ci sono i buoni, e là "dentro" i cattivi. Qualche volta si finisce lì dentro perché si sbaglia, perché non si ha un'alternativa. Ma tutti dobbiamo pensare che la merce più preziosa che abbiamo è la fiducia, e che a chi sta "dentro" bisogna dire: quando uscirai ci sarà una possibilità, c'è un mondo che ti accoglierà e che ti vorrà bene.

Chiudo il mio speech con un po' di emozione, e me ne torno al mio posto, per ascoltare la storia di Yvan Sagnet, che combatte contro il caporalato.

Qualche mese dopo faccio un altro passo avanti, nel mio percorso. Il passo più importante.

@Amirissaa 23 nov 2018
Oggi ho chiuso il cerchio. Realizzerò un laboratorio di scrittura #Rap dentro #reginacoeli dove è stato detenuto per anni mio padre. Grazie F. De Grossi di @santegidionews per l'invito e @BibliotecheRoma per aver inserito il mio libro #vivoperquesto nella biblioteca del carcere. AMIR ISSAA

La Costituzione in rap, atto II

Nel quartiere romano di Torpignattara c'è una scuola che si chiama Carlo Pisacane. Raccontarla qui sarebbe lungo, ma ci tengo a dire che la gestione didattica e sociale dell'istituto è l'applicazione perfetta dell'articolo 3 della Costituzione italiana, che per gli smemorati o i finti smemorati dice che:

> Tutti i cittadini hanno pari dignità sociale e sono eguali davanti alla legge, senza distinzione di sesso, di razza, di lingua, di religione, di opinioni politiche, di condizioni personali e sociali. È compito della Repubblica rimuovere gli ostacoli di ordine economico e sociale, che, limitando di fatto la libertà e l'eguaglianza dei cittadini, impediscono il pieno sviluppo della persona umana e l'effettiva partecipazione di tutti i lavoratori all'organizzazione politica, economica e sociale del Paese.

Perché i ragazzi di questa scuola, ormai tutti nati in Italia, anche se non ancora riconosciuti ufficialmente come italiani nella maggior parte dei casi, sono i futuri cittadini italiani. La multietnicità è il pane quotidiano, e le famiglie "italiane-italiane" non scappano, ma iscrivono qui i propri figli perché la qualità dell'insegnamento è migliorata nel tempo, diventando un'eccellenza riconosciuta.

In questa scuola si parla una quantità di lingue difficili da immaginare e il patto educativo che dovrebbe esserci in ogni scuola tra docenti, famiglie e studenti, qui si applica naturalmente, giorno per giorno. Non potrebbe essere altrimenti.

Una scuola modello, e una scuola italianissima a partire dal suo nome: Carlo Pisacane, un rivoluzionario italiano che sognava l'unità d'Italia, ucciso pochi anni prima che si realizzasse nel 1861, che ha contribuito alla costituzione di una patria, partecipando all'avventura della Repubblica Romana, poi attraverso la rivolta nel Regno delle Due Sicilie che ha aperto la strada alla spedizione di Giuseppe Garibaldi. Più italiano di così.

Ho avuto la fortuna di collaborare spesso con le maestre della Pisacane per dei laboratori di scrittura rap. Quello che faccio con loro è speciale e il nostro rapporto privilegiato nasce dal fatto che per quei bambini sono una specie di fratello maggiore. Sono figlio di un immigrato, nato e cresciuto nel loro stesso quartiere, ed è normale che si sia creata questa magia che mi ha aiutato ad aprire con facilità le porte di quelle classi. Sono tante le comunità straniere che si intrecciano con quella italiana all'interno di questo istituto: si va da quella bengalese, che è la più numerosa, fino a quella cinese passando per vari Paesi africani e possiamo dire tranquillamente che la Pisacane è una vera scuola multietnica paragonabile a livello di melting pot a quelle di Londra o Berlino, e per me che viaggio spesso e ho basato tutta la mia vita sul concetto di meticciato culturale è un bell'esempio di contemporaneità.

Ogni volta che ne parlo mi rivedo salire le scale all'incrocio su via Acqua Bullicante, le prime volte per dei semplici concerti alla festa di Natale, finché una volta mi hanno coinvolto in un vero e proprio laboratorio narrativo in cui abbiamo usato il rap come mezzo per raccontare. Perché, alla fine, è questo che fa il rap: racconta. Ed è uno strumento potentissimo.

Essendo una scuola frequentata anche da tante bambine di religione islamica, mi hanno chiesto di collaborare con una rapper donna, perché anche le bambine potessero partecipare. Allora ho chiamato la mia amica Karima 2G con cui abbiamo lavorato fianco a fianco per due mesi prima di arrivare all'esibizione finale sul palco che è stato allestito nella palestra della scuola.

Lo scopo era far raccontare ai bambini il viaggio affrontato dai loro genitori per venire in Italia coinvolgendoli con una modalità interessante a livello creativo. Mamme e papà che raccontavano ai loro figli il viaggio che avevano affrontato per venire qui, e non è detto che i racconti fossero sempre il frutto di ricordi reali: questo ha lasciato loro la possibilità di giocare anche con la fantasia.

Nella fase successiva i bambini ci hanno raccontato in classe queste storie e abbiamo giocato insieme con le rime per arrivare ad avere una canzone unica da cantare tutti in coro.

Con Karima abbiamo pensato che l'approccio migliore sarebbe stato quello di far scrivere a ognuno di loro una strofa rap dopo aver ascoltato il racconto dei genitori, chiedendo di includere anche altre lingue che conoscono. Ne è nata una competizione bella e stimolante dove ognuno poteva farsi vanto del fatto di conoscere due o più lingue.

Ogni strofa veniva letta ad alta voce a tutta la classe, scegliendo insieme quello che ci piaceva di più per far capire ai bambini che, quando si scrive il rap, più parole si conoscono e più si hanno possibilità di costruire rime e assonanze, e potete immaginare che in un ambiente scolastico in cui le lingue parlate sono tante, il processo creativo diventa un fiume in piena. Ho preso esempio da alcuni miei brani in cui ho giocato con l'italiano e l'arabo, che è la lingua che parlava mio padre e, anche se lo conosco poco, ho sempre cercato di sfruttarlo a mio vantaggio.

Il viaggio fantastraordinario è il titolo della canzone che è diventata, giorno dopo giorno, un esperimento sempre più inclusivo. Ed è stato bello vedere l'orgoglio negli occhi dei genitori il giorno in cui siamo saliti tutti insieme sul palco per cantarla.

Ciao a tutti inizia il viaggio
Con la navicella nello spazio
Poi andiamo sotto al mare
Un mondo marino vogliamo esplorare
Dalla terra fino a Marte
La nostra navicella adesso parte
Fino al paradiso passando in un vulcano
Questo è il nostro viaggio, ve lo raccontiamo

Hello Nihao, a tutti ciao
Adelante si parte exploration now
In Italia viaggio, in Francia voyage
Happy Christmas Gutentag
C'è chi dice grazie e chi dice shukran
C'è chi dice ciao e chi konnichiwa
Conosciamo il mondo e ve lo raccontiamo
Viva le parole, adesso vi salutiamo.

Io e Karima al centro e i bambini attorno per fare rap come fossimo un coro. A noi spettava il compito di dare il tempo, come fossimo dei direttori d'orchestra, e loro ci avrebbero seguito cantando con entusiasmo quelle parole così delicate e preziose, perché alla fine la cosa che conta più di tutto è il contenuto, e i bambini della Pisacane hanno tante cose da dire.

Never Ending Tour

Scuole di ogni ordine e grado, paesi e città. Ho perso il conto, in tutti questi anni di viaggi tra i banchi di scuola, le poltrone di velluto o di legno dei teatri, le sedie di plastica dei concerti. Sono un po' come Bob Dylan, e questo è il mio Never Ending Tour, e non voglio smettere. Ogni volta so che sarà uno scambio alla pari, io porto il rap, loro le storie e la voglia che si ha, a quell'età (a tutte le età, forse, dalle elementari alle superiori, all'università o ai master), di provarci.

Nelle scuole superiori spesso sono i ragazzi che mi contattano, usando i social; alle elementari mi invitano gli insegnanti... come succede con i tour didattici in America. Incontri di una mattinata, in autogestione, di due ore tra matematica e biologia o storia e inglese, incontri di due giorni con compiti a casa, incontri a distanza, incontri come feste con concerto finale. Gli argomenti di cui parlo coi ragazzi nelle scuole (in Italia) sono spesso legati a quelli di cui abbiamo detto fin qui: seconde generazioni, diritti, uguaglianza, tutto partendo dalle parole, tutto a tempo di rap.

Nel 2019 mi hanno invitato a fare un laboratorio in Sardegna. A chiamarmi è stato un docente speciale che si chiama Danilo Rutigliano. È un mio coetaneo, ed è esattamente il tipo di professore che avrei voluto avere io a scuola. Insegna arte, è appassionato di cultura urbana e di hip hop. Per capirci, è uno di quegli insegnanti che porta gli studenti a fare le gite per vedere la street art, e con la sua visione così attenta alla contemporaneità contribuisce a innovare un po' il metodo didattico, come vorrei fare anche io usando il rap. I ragazzi del liceo scientifico e sportivo Giorgio Asproni e del liceo artistico Remo Branca hanno inoltre letto ad alta voce testi delle mie canzoni, che sono serviti da spunto di riflessione. Quando hanno letto *Straniero nella mia nazione*, abbiamo parlato di che cosa voglia dire la parola straniero e ho detto che per me il concetto stesso di straniero non dovrebbe esistere, perché oggi – per fortuna! – è impossibile frequentare solo persone della nostra stessa nazionalità, religione o colore della pelle.

Quando sono andato al liceo Mamiani di Roma (nel 2018), ho raccontato dello skate e della breakdance, del writing e dell'inizio del rap... forse la mia generazione è l'ultima che si incontrava per strada e non in rete.

Ho partecipato alla Notte bianca della legalità, alla Corte di cassazione di Roma: centinaia di ragazzi delle scuole romane, e della periferia, più una scuola di Salerno e una di Ferrara sono stati dalla massima istituzione giurisdizionale italiana, il cuore della Giustizia, che per i romani e non solo è il *Palazzaccio* (compare così anche sulla Treccani: denominazione popolare del palazzo di Giustizia, che sorge fra il Tevere e piazza Cavour). Lo scopo della manifestazione era di avvicinare i giovani al mondo della giustizia e della legalità, che vanno coltivate quotidianamente, toccando temi come l'immigrazione, la droga, gli abusi sessuali, il cyberbullismo, il fenomeno dei social e le discriminazioni. Tra gli invitati c'erano Carlo Verdone e la criminologa Flaminia Bolzan. E così, in un clima tra l'austero e il pop gli studenti si sono confrontati anche con noi. E ciascuno di noi ha portato la propria esperienza.

Al Teatro Civico di Vercelli (nel 2019) ho incontrato i ragazzi di diverse scuole che mi hanno accolto con un flash mob.

Cresciuto calpestando questi sanpietrini
Beats e rime, quelle sneakers, treni coi graffiti
Da quando sono nato sotto questa lupa
La mia armatura: felpa col cappuccio sulla tuta
Non vesto Gucci, no, non vesto Fendi
Non mi interessa come li spendi

Questa società mi voleva un fallito
In fila zitto dietro la bandiera di un partito
Ma questa vita l'ho guardata in faccia
Gli ho detto "Ti do due secondi e scappa"
Cuore ghiacciato, ho l'anima in Alaska
Un dito medio a tutto il mondo con le mani in tasca
Fa troppo freddo, qui ci si congela
L'amore è alla deriva in barca a vela
È un viaggio senza meta fuori vena
Un bacio in bocca ad occhi chiusi, un uzi alla schiena
Non parlo di soldi, non parlo di gioielli
Non parlo di soldi, non parlo di gioielli
Non parlo di soldi, non parlo di gioielli
Se tu ce ne hai tanti danne un po' anche ai miei fratelli.

Entrare nel teatro e sentirli cantare *Soldi e gioielli* mi ha spiazzato. Era la prima volta che mi capitava, sono stati speciali. Prima di andare via ho chiesto ad alcuni ragazzi di salire sul palco con me. Gli studenti del liceo musicale hanno parlato di cosa ascoltano e di cosa studiano; Maurizio e Simone, due giovani "rapper", mi hanno sfidato sulle rime; Edoardo, Oleh e Simone si sono esibiti in un freestyle niente male.

Sono stato alla premiazione dei concorsi letterari "La scrittura non va in esilio" e "Scriviamo a colori" (nel 2018) organizzati dal Centro Astalli, il primo riservato alle scuole superiori e l'altro alle scuole medie. C'erano circa 25.000 studenti che arrivavano da quindici città italiane. È stata una grande festa, Dacia Maraini ha fatto un bellissimo appello contro il razzismo, Valerio Cataldi, presidente dell'Associazione Carta di Roma (un'associazione che lavora per i diritti dei richiedenti asilo, dei rifugiati, delle minoranze e dei migranti nel mondo dell'informazione) ha sottolineato l'importanza delle parole e dell'uso che se ne fa. I ragazzi che sono stati premiati hanno vinto degli zaini pieni di libri.

A Genova (nel 2015) ho partecipato a "Memoria per il futuro", con Gilberto Salmoni, sopravvissuto alla Shoah, presidente dell'Associazione ex deportati. Mi hanno invitato a parlare con lui contro le discriminazioni e i razzismi, per far capire ai ragazzi che il razzismo e la discriminazione vanno sempre pensati al plurale, perché toccano diversi aspetti e hanno una storia, c'erano nel passato e ci sono nel presente, ma dobbiamo lavorare perché non ci accompagnino nel futuro.

America (ma non solo)

Sono le 20:01 del 25 maggio 2020, in un negozio di alimentari di Powderhorn Park a Minneapolis una persona ha pagato un pacchetto di sigarette con una banconota falsa. Il commesso se ne accorge quando l'uomo è già uscito. Chiama il 911.
«Lo descriva.»
«È alto, calvo... alto circa due metri.»
«È bianco, nero, nativo, ispanico, asiatico?»
«Qualcosa del genere», risponde il ragazzo.
«Quale? Bianco, nero, nativo, ispanico, asiatico?»
«È nero», dice.

È domenica, quel giorno sono a casa, come tutti sono nello strascico del primo lockdown che a marzo ha chiuso l'Italia. Per una settimana sono rimasto come bloccato da tutta quella violenza, fino a quando una mattina ho preso carta e penna e di getto ho buttato giù un freestyle.

Il 31 maggio scrivo *George Floyd freestyle*, e lo metto sui social.

La morte di George Floyd cambia la storia degli Usa, e come una pietra lanciata nell'oceano increspa la storia del mondo. Da quell'insurrezione è nata una vera e propria rivolta, con oltre 400 città americane invase dalle proteste, *riot* e saccheggi nei negozi più cool delle metropoli, oltre 15.000 arresti e soprattutto con una storica unione di intenti e di pratiche che ha coinvolto larghi strati della società civile e delle comunità di quartiere. Una rivolta che è stata fondamentale per fermare Trump e il modello trumpista dell'America favorendo la vittoria di Joe Biden e Kamala Harris alle elezioni presidenziali di novembre 2020.

Quei primissimi giorni di rivolta per me, reduce dalla prima ondata di Covid-19, sono stati un campanello che mi ha tenuto sveglio per giorni, prima guardando le incredibili scene per le strade e poi divorando video, post di quella moltitudine di persone che dall'altra parte dell'oceano condividevano i gesti e i suoni di una rivolta che a me sembrava profondamente giusta. Mi ci sono ritrovato, come un innesto: la "George Floyd Rebellion" mi ha fatto scaldare il sangue, stringere i pugni e attivare il cervello.

Non respiro mamma, vieni a salvarmi
Mi hanno ucciso a mani nude, senza armi
Sono solo uno dei tanti caduti
Chiudo gli occhi mamma, e tanti saluti
La mia pelle non è spessa abbastanza
Non respiro, la tua voce mi calma
Steso a terra, non mi posso più alzare
Su di me tutto il peso del male
Il potere ti azzera
Il silenzio difende l'odio di un collega
E la vita si spreca
È l'invidia che striscia, il fallimento ti acceca

Prendi e fai la tua scelta
Rosso sangue, la razza è la stessa
Resto un uomo come te, come tutti
Anche quando non respiro come Floyd, come
Cucchi.
(freestyle)

Mamma non respiro se ho un ginocchio sulla
faccia
Vivo al centro del mirino da quando sto nella
pancia
La mia gente stanca vittima della sua rabbia
Ostaggi della fame, angeli in cielo come Abba
Mamma non respiro, è ghiaccio freddo questo
asfalto
Ti stringo mentre prego pensando a Soumaila
Sacko
La coscienza chiama, stai sicuro che rispondo
Porto sulle spalle il peso dell'odio del mondo
Per i miei fratelli pronto a scendere giù in guerra
Meglio morire lottando che vivere steso a terra.
(canzone)

Dal primo, che è il freestyle, è nata l'idea di farne una canzone. Freestyle vuol dire stile libero ed è proprio quello che facciamo noi rapper quando diamo il via alla creatività. Posso improvvisare rappando davanti al pubblico come si fa nelle famose battle tipo il 2theBeat, Tecniche Perfette o Fight Club, per citare le competizioni italiane più autorevoli, o posso andare in studio e registrare in brevissimo tempo un flusso di pensieri, e anche se le rime non le ho totalmente improvvisate, e sono state scritte qualche minuto prima di entrare nella sala di registrazione, comunque è un freestyle perché sto fotografando in diretta le emozioni che provo in quel momento. A livello tecnico è ben diverso da quando lavoro a un brano per un album e ho tutto il tempo di scrivere, rileggere il giorno successivo e modificare con tutta la calma necessaria. Sembrano dettagli per chi lo vede da fuori, ma per noi sono dinamiche fondamentali per avere una certa flessibilità a livello espressivo.

Nel caso di *George Floyd freestyle* è andata così. Dopo aver visto le immagini dell'omicidio sono rimasto scioccato. Dovevo fotografare con le rime le sensazioni che provavo. Non c'era il tempo di andare in studio e non avrebbe avuto senso in quel momento scrivere un intero brano, perché il mio obiettivo era sfogarmi e incanalare la rabbia in modo costruttivo. Quindi ho scritto di getto quelle barre e le ho registrate in un self tape video. Dalla scrittura alla pubblicazione sui miei canali social è passata un'ora, e in pochissimo tempo quel freestyle aveva fatto il giro del mondo e ricevevo commenti dagli Stati Uniti al Giappone, cosa che non sarebbe potuta succedere nell'era analogica da cui provengo. Dopo averlo pubblicato mi ha contattato Davide Shorty, cantautore e rapper palermitano che vive a Londra, per propormi una collaborazione e la sera stessa mi ha inviato una bozza della base. La voce del ritornello è di David Blank, cantante di San Severino Marche, corista di Laura Pausini. A noi tre si sono aggiunti Davide Savarese che ha suonato la batteria, Cyrus Mackey da Chicago che ha suonato la tromba, e Rosetta Carr, dalla Svezia, che ha suonato il basso. Le parole le ho scelte con cura, ho deciso di parlare di George Floyd attraverso l'immagine che abbiamo visto centinaia di volte sui social, in TV, di cui abbiamo sentito parlare alla radio: «Mamma non respiro se ho un ginocchio sulla faccia». E ho scelto di ricordare Abba, Abdul Salam Guibre, un ragazzo di 19 anni ucciso a sprangate a Milano nel 2008, e Soumaila Sacko, un bracciante e sindacalista attivista per i diritti dei lavoratori agricoli ucciso a colpi di fucile mentre cercava pezzi di lamiera in una ex fornace in Calabria, nel 2018, due ragazzi che sono morti in Italia per colpa della violenza razziale. L'ho fatto perché chi mi ascolta magari non sa chi sono, e vorrei che ne avesse curiosità, e facesse come facevo io quand'ero ragazzino, che quando sentivo citare dei nomi volevo sempre sapere chi fossero e perché erano citati.

Floyd porta a galla le tante storie che ho sentito, che ho letto, che ho cantato. Lui non è stato il primo. «I can't breathe», non respiro, è la stessa frase pronunciata sei anni prima, nel 2014, da Eric Garner, un nero di 43 anni, che vendeva sigarette di contrabbando a Staten Island. L'ha ripetuta più volte durante la colluttazione con l'agente che lo stava soffocando, ma il poliziotto non aveva mollato la presa e Garner è morto. «Je n'arrive plus à respirer», non riesco a respirare, è la frase che ripete Adama Traoré, ventiquattro anni, nero, morto il 19 luglio 2016 nella caserma di Persan, in Francia, quasi due ore dopo il suo fermo al termine di un inseguimento. Secondo l'ultima perizia medica, nel 2020, la sua morte sarebbe stata causata dal "placcaggio ventrale", la tecnica per immobilizzare usata dalla polizia.

Il 5 giugno 2020, mentre negli Stati Uniti ribolle la protesta contro la violenza razzista della polizia per l'assassinio di George Floyd a Minneapolis, Bruce Springsteen apre il suo programma sulla radio Syrius XM con *American Skin (41 Shots)*, sull'assassinio di un giovane immigrato africano, Amadou Diallo, crivellato con 41 colpi di arma da fuoco da una squadra di poliziotti di New York: «Questa canzone dura quasi otto minuti», dice: «il tempo che il poliziotto [Derek Chauvin] ha tenuto il ginocchio sul collo di George Floyd». Ricordo la morte di Amadou Diallo, era il 1999 e quell'omicidio per mano di quattro poliziotti bianchi (mai accusati) sconvolse la comunità del Bronx e di altre zone della città, molti rapper della golden age si esposero pubblicamente. Per Amadou Diallo la scena rap statunitense fece un bel rumore e tra i dischi più importanti usciti in quel periodo va menzionato l'ep *Hip Hop for Respect*, organizzato da Mos Def e Talib Kweli, per denunciare la brutalità della polizia. Nell'ep ci sono tanti artisti importanti come Kool G Rap, Common e i Dead Prez, solo per citarne alcuni.

Non respiro è un pezzo che mi rappresenta, in cui credo; intanto l'*uprising* di Minneapolis, e poi di tutti gli States, arriva anche a Roma. Do supporto al nascente Black Lives Matter cittadino e durante la presentazione del loro manifesto intrattengo il pubblico cantando delle strofe a cappella scelte dai brani del mio repertorio che affrontano i temi del razzismo, ed ecco che una canzone come *Straniero nella mia nazione*, del 2006, oggi acquista ancora più senso alla luce di quello che sta succedendo a livello globale. Intanto scalpito irrequieto, perché quelle rivolte parlano a tutti noi ma a me colpiscono perché si sono incrociati alcuni fattori: il problema della linea del colore e del potere di cui ho sempre parlato, raccontato, denunciato che si unisce ai suoni e allo stile della rivolta. Dimenticate Bob Dylan, Bob Marley e pure i 99 Posse, la colonna sonora delle proteste in tutta America è puro rap: Public Enemy, Kendrick Lamar, Lil Baby, Nas, Pop Smoke.

Infine mi colpisce perché ogni volta che guardo videoclip, servizi in televisione, foto via internet riconosco i luoghi, perché la mia America era prima in cameretta ascoltando Biggie e Run DMC, poi il mito da emulare per arrivarci e magari registrare una canzone, ma oggi – da almeno cinque anni – è parte della mia vita vissuta: sono stato a New York, Boston, Denver, San Diego, Philadelphia e in tanti altri posti grazie a tour didattici nelle università pubbliche e private sparse per quell'immenso territorio...

Rewind

2015, il mio primo viaggio negli Stati Uniti nasce a Campo de' Fiori, pieno centro di Roma. Uno dei numi tutelari dell'italianistica nel circuito dei college americani, Graziella Parati, assiste a una serie di mie attività: prima un laboratorio in una scuola superiore, poi ascolta una lunga intervista che ho fatto a Rai Radio 3 nel programma *La lingua batte* dove si discute appunto di linguistica, poesia, storia. Infine mi incontra fuori dal Parlamento, dove ero appena stato ospite del gruppo di parlamentari che stava rilanciando il tema dello *ius soli*. Graziella chiama Flavio Zocchi, il mio manager, e mi invita a una lezione di un paio d'ore che si è svolta all'interno di Italiaidea, una scuola di italiano per stranieri situata a Campo de' Fiori, gemellata con vari college e università americane. L'idea di portare il lavoro che faccio in Italia, usando il linguaggio dell'hip hop, proprio nel luogo dove il rap è nato comincia a prendere forma nella mia testa.

Fare un tour negli Stati Uniti in pratica richiede la stessa dose di organizzazione che si deve avere durante le tappe dei concerti in Italia. Anzi, organizzare un tour in una nazione che è grande come un continente richiede prima di tutto una certa organizzazione logistica: serve una carta geografica, potrei dire, ma la cosa più comoda è aprire Google Maps sul computer, schermo gigante, e cliccare sull'opzione calcola distanze. Il viaggio e le tappe devono essere calcolati in base ai luoghi delle università, tante sono nelle metropoli ma molte altre, in pratica la maggioranza di quelle da me finora "battute", si trovano in aree rurali, nelle contee diffuse dell'America.

Per questo il mio manager, Flavio, ragiona partendo da tre presupposti: il carattere e il livello dell'università (ovviamente, c'entra anche il cachet), le distanze tra una tappa e l'altra e la possibilità di fare rete tra college diversi.

Alla fine si ragiona sul tipo di show e laboratorio da organizzare per ogni singola tappa, molto spesso mi viene chiesto – oltre alle lezioni stabilite – di incontrare gli studenti in momenti di libertà, o comunitari; accetto volentieri ed è la maniera più semplice per avvicinare i ragazzi, liberarli da timori reverenziali e parlarsi; spesso poi le lezioni o i concerti vengono affrontati con più entusiasmo. L'aspetto centrale di tutto, che curiamo moltissimo insieme al mio management, è l'organizzazione dei contenuti didattici e il rapporto con i docenti. Con loro mi confronto sui temi che voglio affrontare, cercando sempre di capire bene il contesto in cui mi troverò a parlare, l'attualità di quel momento. Così dopo pochi mesi, con Flavio organizziamo il mio primo tour tra didattica e *showcase* negli Stati Uniti.

Here we are... New Hampshire

Parto per gli Stati Uniti e lancio sui miei social l'hashtag #amirusatour. Ancora oggi, digitandolo su Instagram si possono ripercorrere varie tappe di quel viaggio. Ero convinto che l'America fosse tutta come New York – che nella mia mente è come l'ho vista nei videoclip dei miei rapper preferiti – e invece no. New Hampshire, Maine e Vermont (tre Stati che ho toccato la prima volta insieme a Rhode Island e Connecticut) sono tra i più "bianchi" degli Stati Uniti, quindi il panorama e l'impatto sono singolari...

La prima tappa di sei college diversi situati nella East Coast è decisamente diversa da quella che mi aspettavo.

Il Dartmouth, fondato nel 1769 (uno dei più antichi), è uno degli otto college elitari che formano il cosiddetto circuito della Ivy League, ovvero la *crème de la crème* del sistema di istruzione universitaria americano. Mi ritrovo catapultato nel New Hampshire, uno degli Stati più piccoli (è grande più o meno come la Sicilia) e meno popolosi, su in alto, quasi al confine con il Québec, a parlare di rap in un college al 99% bianco, caucasico. Al Dartmouth College di Hanover, nella contea di Grafton, gli afroamericani e i latini si contano sulle dita di una mano, ci sono un pub, un hotel e questo bellissimo edificio bianco, costruito nel 1784 (la data gigantesca è scritta nel timpano sopra l'ingresso, divisa a metà dall'orologio, il fanatismo di un Paese giovane).

L'incontro, organizzato e gestito dalla professoressa Tania Convertini, inizia, e quello che è un esordio, un tentativo di produrre laboratori didattici in America, diventa presto la prima bozza concreta del mio lavoro fino a oggi: gli studenti ascoltano il racconto della mia vita, mi stupisce che quelli di origine italiana conservino un'idea del nostro Paese costruita intorno alla *Dolce vita* o al *Padrino* (al Dartmouth hanno studiato Micheal Corleone e anche uno dei personaggi della serie *Mad Man*). Lavoriamo a rime semplici, ascoltiamo musica, ci confrontiamo, mi fanno domande sui miei genitori, su mia sorella, su Roma, sull'Europa. La sera c'è un piccolo concerto.

A fine lezione ho tempo per conoscere meglio gli alunni, alcuni di loro – cosa che si ripeterà ogni volta nei viaggi futuri – aiutano i docenti nell'organizzazione. Saranno proprio loro, i millennial, a farmi da "guida" turistica nei momenti extra lavoro, è un ottimo modo per gustarmi luoghi lontani che non conosco, o che conosco attraverso i film o i libri, e su cui magari mi sono fatto idee sbagliate.

Replico il progetto nella splendida università del Vermont, ancora più a nord, come dice il nome *verdi montagne*, territorio liberale, bianco ma anarchico, socialista, libero. Inizio ad assaporare l'America, le strade, il cibo, gli odori, le facce.

Ma non è esattamente quello che avevo in mente. Dov'è New York?

New York, JFK

Scendo dall'aereo che dal Vermont mi porta a JFK, finalmente eccoci qui. Taxi gialli. Empire State Building. La Statua della Libertà. Senzatetto. Musicisti a Times Square. Ogni strada e ogni angolo mi sembra di averli già visti, perché ci hanno girato un videoclip o la scena di un film. L'hip hop a fine anni Ottanta l'ho conosciuto attraverso un mixtape che aveva portato a casa mia sorella Fatima. Lei è più grande di me e all'epoca già frequentava le discoteche di Roma che col tempo sono diventate dei posti leggendari, come il Piper o l'Executive. Dentro una di quelle cassette ho scoperto l'esistenza del rap. Era un pezzo dei Run DMC e ascoltandolo continuamente (insieme a pochi altri brani che ero riuscito a registrare con fatica dalla radio) ho imparato le prime parole in inglese.

Se fai rap, devi per forza andare negli Stati Uniti, altrimenti non capirai mai certe sfumature nello stile, nell'abbigliamento e nella musica. Io devo vivere qui, New York è la città dove dovevo nascere. Mi faccio portare subito a Harlem, storicamente il cuore pulsante della comunità nera, non solo newyorkese ma di tutti gli States.

Giro il video *Il rap mette le ali*. Ho in mente *Made You Look* di Nas, che è una mappa di facce e quartieri, Harlem, Queens, Brooklyn, il Bronx, e tutto comincia con quei versi di Kipling su uno sfondo nero che Nas rompe in mille pezzi con un'alzata di spalle.

> Se saprai parlare alle folle senza perdere la tua virtù,
> O passeggiare con i Re, rimanendo te stesso,
> Se né i nemici né gli amici più cari potranno ferirti,
> Se per te ogni persona conterà, ma nessuno troppo.

Per farlo, in due giorni dormo tre ore, giro tutti e cinque i distretti, arrivo su su al Bronx, scendo giù giù fino a Brooklyn nel blocco dove è nato Biggie, quel quartiere è uno dei più gentrificati (più borghesi, insomma) di tutta Brooklyn, poi passo dal Queens, attraverso il mitico ponte Queensbridge, non voglio perdermi nulla, devo vedere tutto, mangiarmi la città con gli occhi. Sento che quello è il mio momento, non immagino nemmeno che quei luoghi li rivedrò almeno altre tre volte negli anni successivi.

E sì, perché il progetto educativo di didattica rap nei college ha trovato sempre più spazio, sono arrivato proprio in un momento particolare per gli

Stati Uniti, quando le varie anime del mondo accademico stavano subendo la vittoria di Trump del 2016 e i seguenti quattro anni li ho vissuti entrando e uscendo dal Paese con la sensazione che stessero crescendo a dismisura le difficoltà, che qualcosa stesse cambiando anche nelle relazioni sociali, che si stesse facendo strada la divisione, la cattiveria, la stanchezza. Me ne parlavano le persone con cui lavoravo, nei college come negli ambienti pubblici in cui mi muovevo, me lo raccontavano gli amici che da anni vivono lì, e ne ho avuto anche io la controprova: in uno dei tour con rotta Boston, la U.S. Customs and Border Protection, la polizia di frontiera e sicurezza, mi ha tenuto tre ore in uno stanzino per controllare le mie generalità. Stavo entrando in America proprio nei giorni di attuazione del "muslim ban" voluto da Trump e ho visto con i miei occhi la disperazione di decine di migranti.

> *Muslim ban* o *travel ban* è il nome informale per due ordini esecutivi emessi da Donald Trump nel 2017 per negare l'ingresso negli Stati Uniti ai cittadini di sette paesi (nel primo ordine esecutivo) quali Somalia, Sudan, Iran, Iraq, Siria, Yemen e Libia e successivamente sei (secondo ordine esecutivo) a maggioranza musulmana. L'Ordine Esecutivo 13769 (il divicto originale) e l'Ordine Esecutivo 13780 (il secondo divieto rivisto che sostituisce il divieto originale). Il *ban* ha eccezionalmente escluso paesi musulmani alleati degli USA a livello diplomatico: ad esempio Arabia Saudita, Pakistan, Egitto, Marocco e Indonesia.
> (Wikipedia)

Massachusetts, Emily Dickinson

«Amir does not sound like an Italian name», mi ha detto una signora al Mount Holyoke College, in Massachusetts. Una cancellata bassa con una grande targa verde: Mount Holyoke College, 1837. Sono in uno dei più antichi college femminili americani – una delle Sette Sorelle, nate per rispondere alla Ivy League, che accoglieva solo studenti maschi –, famoso soprattutto perché ci ha studiato Emily Dickinson.

L'università ha un'atmosfera particolare, è un college classico americano, con diversi dipartimenti e palazzi, ampi spazi verdi, una gigantesca mensa universitaria. In quel luogo ricco di storia per la questione di genere in America, mi ritrovo a incontrare ragazze che hanno scavalcato la questione, la stessa istituzione universitaria accoglie studenti e studentesse di diversi orientamenti sessuali. È un college che orgogliosamente, nei suoi spazi pubblici, rivendica il diritto alla diversità di genere, emblematiche le segnalazioni per le toilette o le aule comuni: oltre alle consuete figurine di uomo e donna c'è anche la figura che li rappresenta entrambi, con la dicitura: «Tutti possono usare le strutture, indipendentemente dalla propria sessualità o del proprio orientamento sessuale».

Mount Holyoke è un caso unico in tutti gli Stati Uniti ed è decisamente un college di élite. Ci sono tornato un paio di volte, grazie all'instancabile lavoro della docente Ombretta Frau e del suo staff, e lì vicino ho fatto una lezione lunga due giorni alla University of Massachusetts.

Nei primi due college "attraversati", il Dartmouth e Mount Holyoke, mi rendo conto subito che la mia presenza è un interessante mezzo di confronto con gli studenti e i partecipanti agli incontri: il rap è un modo per mostrare che l'Italia di oggi non è più un Paese di migranti ma una terra di approdo. L'Italia è Amir Issaa e Mario Rossi, il sushi e il kebab, la chiesa e la moschea, anche se fino all'anno scorso a Mahmood – che ha il papà egiziano e la mamma italiana proprio come me – nelle interviste dopo aver vinto il Festival di Sanremo chiedevano ancora «Ti senti più italiano o egiziano?», «Ti piace la pizza o il kebab?». Non passa facilmente il fatto che noi viviamo un'altra vita rispetto a quella dei nostri genitori, che la fase dell'integrazione e dell'accettazione è superata dai fatti: non mi devi accettare, io sono il presente e il futuro.

> Non mi devo integrare, io qua ci sono nato
> Io non sono mio padre, non sono un immigrato
> Non sono un terrorista, non sono un rifugiato
> Mangio pasta e pizza, io sono un italiano
> Mi chiamo Amir come te ti chiami Mario
> Non vengo dal deserto col turbante e il dromedario
> Non ho una bancarella, io non vendo tappeti
> Non sono un clandestino, non faccio il lavavetri
> Chiamami l'infedele, perché il mio sangue è impuro
> Non mi devi accettare, io sono già il futuro.

Io che arrivo qui per combattere il loro stereotipo dell'italiano, mi ritrovo a dover prima combattere i miei: loro si aspettano un ragazzo che gira in Vespa per Roma, come in *Caro diario* di Nanni

Moretti, io mi aspetto l'America come la mia terra promessa dell'hip hop.

In America mi invitano per incarnare un'immagine presente dell'italiano, fuori dagli stereotipi che ancora ci ritroviamo tra i piedi. Farlo attraverso il rap è normale, è un metodo didattico che «aiuta a diventare pensatori interdisciplinari e flessibili, perché esplorare le relazioni tra la cultura hip hop e la società migliora le capacità di ricerca metodologica e di analisi critica, aiutandoci ad acquisire una più profonda comprensione del mondo sociale in cui viviamo» come dicono i siti di diverse università. Tra il 2017 e il 2019 sono stato in diversi college, come alla Chapman University, nel dipartimento di italianistica, dove le aule sono piene di ragazzi che studiano la nostra lingua e cultura, anche se oggi dovremmo usare queste due parole al plurale, le culture e le lingue (queste forse meno) diverse che si intrecciano nel nostro Paese, le generazioni che si mescolano. Sono passato da una scuola all'altra, da uno Stato all'altro, incontri sempre diversi, diversi i ragazzi, le aule, i livelli di conoscenza dell'italiano, ma tutti sono incuriositi dal concetto di "seconda generazione" di cui si parla molto in Italia mentre da quelle parti sanno bene cosa sono le stratificazioni sociali, le differenze del colore della pelle, ma sanno anche che la società americana grazie all'accettazione delle diversità può essere inclusiva. Il loro è il Paese che sa dare una chance a tutti.

Sono queste le domande che ogni volta che cammino sul suolo americano mi riempiono la testa e diventano il terreno più rapido di comunicazione con i docenti, gli studenti, gli amici vecchi e nuovi che a ogni tappa ho incontrato. Spesso il cuore del mio lavoro in questi anni è stato proprio il tema dell'appartenenza o dell'estraneità, che spesso porta a parlare di *razza*, che è una parola-mondo.

Sono / Non sono

L'esigenza di una definizione è un termometro di civiltà di un Paese? Seconda generazione, nuovi italiani, figli di immigrati. Ma chi di noi usa queste espressioni per definirsi? Quanto si scontrano con l'idea che i ragazzi davanti a me hanno dei giovani italiani? A quarant'anni essere ancora definiti "seconda generazione" è limitante. Dobbiamo andare oltre, e dobbiamo farlo per la generazione di mio figlio che ha vent'anni e per quelli più piccoli, per quelli di quattordici anni che quella gabbia della terza o quarta generazione non devono nemmeno più pensarla. Dobbiamo abituarci a pensare e a dire che siamo italiani. Basta. «Sono Amir Issaa, sono nato nel 1978 a Roma, e faccio il rapper.»

Il tema del definirsi è stato uno degli elementi fondamentali dell'attività didattica che ho fatto nell'area soprattutto della costa ovest degli Stati Uniti, tra San Diego e Orange County, nei mesi di gennaio e febbraio. In quel periodo si celebra il Black History Month, una ricorrenza in cui si parla dell'importanza dei neri e della storia della diaspora africana. Negli Stati Uniti e in Canada si celebra a febbraio, e nel Regno Unito a ottobre. È un onore per me, *black italian*, essere lì e poter dare un contributo arrivando da un posto che sta a oltre 10.000 chilometri di distanza.

Un'esperienza nel Sud della California durata otto giorni con attività presso la San Diego State University e la San Diego University, in mezzo ci sono stati dei momenti unici, condivisi con gli studenti che mi hanno accompagnato per chilometri e così, oltre alle famose spiagge di South Beach, ho potuto vedere anche altre zone come quella di El Cajon, o Little Baghdad, sono stato ospite di radio locali, sono stato intervistato in un lungo podcast dal collettivo "Platform Collection", ho partecipato a una jam all'AC Lounge, un club a Lemon Grove in cui ho fatto freestyle insieme a vari rapper della scena locale come Ric Scales, Khalee e Parker Edison, con cui è nato un bel rapporto e siamo ancora in contatto. Ma soprattutto, grazie ai ragazzi e al mio agente, ho attraversato la frontiera, "the line", per entrare in Messico, a Tijuana, una giornata indimenticabile a bordo di una berlina guidata da una "dreamer", una di quelle ragazze nate negli Stati Uniti da genitori messicani. Con lei e altre due studentesse abbiamo attraversato Avenida Revolución, ho mangiato i migliori tacos della mia vita, visitato il centro storico e il grande mercato ma soprattutto ho visto il muro, il Muro di Tijuana, una lunghissima cancellata alta venti metri che si estende per chilometri lungo tutto il confine, un muro che finisce dritto nell'oceano. La barriera su cui si infrangono i sogni di migliaia di persone è lì, davanti a me; seguiamo questo serpente di ferro per almeno venti chilometri giù fino all'oceano, ci fermiamo; ci sono bambini che, aggrappati alle inferriate, aspettano la visita di parenti che sono "dall'altra parte", arriva la polizia americana, caccia il nonno e fa allontanare dalla barriera i piccoli messicani. Una scena straziante. Intanto osservo e leggo le centinaia di parole scritte sulla cancellata, me ne rimangono in mente due: «l'umanità non può essere segregata» e «la poesia è persone con sogni». Due frasi che sono un po' l'archetipo di quello che è il mio percorso, la mia vita da artista, il mio modo di essere al mondo.

Per far parlare i ragazzi ho capito che è meglio se parto da me. Ho scritto oltre duecento brani, in media durano tre minuti e mezzo, ho raccontato quasi tutta la mia vita tagliando le parole sulla metrica dei beat. Il rap è uno strumento narrativo libero, nelle rime potevo buttare dentro quello che sentivo il bisogno di dire. Disagio, rabbia, ma anche voglia di reagire, mettere in rima una mancanza, una sconfitta, l'amore.

A ogni incontro, in ogni college, chiedo ai ragazzi come vorrebbero raccontarsi, se si sentono stranieri nella loro nazione, come mi sentivo io.

> S.O.S. bilancio negativo
> Se mi chiamano straniero nel posto dove vivo
> S.O.S. pronto all'esecuzione
> Se mi chiamano straniero nella mia nazione.

Straniero nella mia nazione l'ho scritta nel 2006. Avevo 28 anni e un figlio di 6.

Quell'anno in Italia il Parlamento approva la legge sull'indulto, il TAR si pronuncia perché nelle aule resti appeso il crocifisso (decisione revocata e poi riammessa), Roberto Saviano pubblica *Gomorra* e dall'ottobre di quell'anno comincia la sua vita sotto scorta. A fine dicembre viene impiccato Saddam Hussein, lo accompagnano quattro uomini incappucciati e uno a volto scoperto, come mostra il filmato mandato in onda dalla TV di Stato irachena.

Uomo di prestigio era il primo album solista, mi sembrava di cominciare per davvero, perché lo facevo davanti a tutti. Il «Corriere della Sera» mi aveva intervistato: *Il "Rap per immigrati" di Amir*. La loro nazione, l'America, ha conosciuto un processo di costruzione nazionale per cui esiste una parola specifica, che è sulla Treccani:

> Melting pot: amalgama eterogeneo di gruppi, individui e religioni, molto diversificati tra loro per ceto, condizione, appartenenza etnica, che convivono entro la stessa area territoriale geografica e politica. Riferita inizialmente alla società americana, l'espressione («crogiolo») è usata per indicare un particolare modello o ideale di società multietnica in cui dopo un certo tempo, segnato dal succedersi delle generazioni, le culture e le identità specifiche degli immigrati sarebbero destinate a fondersi con quelle dei paesi di accoglienza.

Chiedo se qualcuno di loro sente il bisogno di definirsi americano attraverso la negazione di essere immigrati. Io l'ho fatto.

> Io non sono mio padre, non sono un immigrato
> Non sono un terrorista, non sono un rifugiato
> Mangio pasta e pizza, io sono un italiano.

E voi? Una ragazza si alza e legge le rime con cui ha dato voce all'incertezza di chi non sente di appartenere "in esclusiva" a nessuna nazione.

Mi chiamo Isabella e sono messicana
Ma sono nata sulla terra americana
Se mi vogliono qui o mi vogliono là
Chissà dove il destino mi porterà.

Un ragazzo è un ragazzo ovunque si trovi, e le difficoltà di un adolescente europeo non sono poi molto diverse da quelle di un suo coetaneo cresciuto negli Stati Uniti. La prima volta che sono stato a New York mi sono reso conto di quanto questa città sia poco rappresentativa dell'America e ho capito che questo Paese è molto più complesso di come lo immaginiamo in Europa. A ogni incontro mi sono trovato davanti a ragazzi che avevano vissuto le mie stesse esperienze, nonostante fossimo cresciuti in due continenti diversi. È quello che sei a definirti, non il posto da dove vieni.

Barbershop rap

Quello alla San Diego State University è stato un incontro importante. Sono stati dieci giorni indimenticabili nella West Coast in cui ho vissuto esperienze che porterò sempre con me. L'invito è arrivato da Clarissa Clò, professoressa e presidentessa del Dipartimento di studi europei presso la San Diego State University, che mi ha coinvolto in un corso all'interno della sezione di Storia e cultura dell'Italia contemporanea.

La prima cosa che lega tanto la nostra scena rap a quell'università è il fatto che lì c'è un archivio fisico dedicato all'hip hop italiano e tra i vari oggetti custoditi c'è l'intera collezione di «Aelle Magazine», la rivista più importante di cultura hip hop in Italia, che una volta mi aveva messo in copertina tra le nuove promesse del rap italiano. Era l'inizio del 2000 e la mia faccia era tra «Gli MC's pronti per la sfida del duemila», come recitava il titolo. L'intera collezione è stata donata alla San Diego University da Joseph Sciorra, un punto di riferimento negli Stati Uniti per noi rapper italiani, essendosi da sempre interessato al nostro genere anche grazie alle sue origini. Oggi il suo nome non ha bisogno di presentazioni all'interno del circuito culturale degli italoamericani, visto che è il direttore del Calandra Institute, un istituto che ha come scopo lo studio e la diffusione della cultura italoamericana negli States.

Clarissa, che si occupa di studi culturali postcoloniali, femministi e queer applicati a letteratura, cinema, musica e media, è una che conosce bene il rap italiano e le sottoculture in genere, e ci teneva tantissimo che, fuori dai momenti di lavoro in cui ero impegnato con lei e i suoi studenti in università, io potessi assaporare il gusto della scena hip hop locale. Nei giorni precedenti al mio arrivo si è quindi attivata per mettermi in contatto con alcuni artisti e realtà di San Diego legati al rap, tra cui Parker Edison, considerato da tutti uno dei pionieri, che mi ha coinvolto in varie iniziative: mi sono trovato a rappare con lui in italiano davanti agli occhi stupiti del pubblico che per la prima volta si trovava ad ascoltare rap in italiano, loro che pensavano nemmeno esistesse un rap italiano.

I miei viaggi in America, sia quando arrivano inviti dalle università sia quando propongo io un incontro, li organizzo con il mio manager. Dopo tanti anni, al suo ruolo fondamentale per il mio lavoro – Flavio si occupa della parte tecnica e logistica – si è aggiunta l'amicizia. Flavio è di Milano, ha la mia età e abbiamo molte passioni in comune, anche se lui ha una fissa maniacale per il basket.

Uno degli aspetti che più di tutti ci fa spesso discutere è il suo interesse per la storia degli Stati Uniti, di cui io so poco perché sono troppo preso dalla voglia di far crescere la mia conoscenza sulla cultura hip hop.

Potete capire che se mi trovassi a dover scegliere tra la visita a un monumento o andare a vedere la casa dove viveva un rapper come Notorious B.I.G. non esiterei nemmeno un istante e opterei per la seconda. Come quella volta in cui dopo un incontro al Mount Holyoke College, nel Massachusetts, Flavio scoprì che a due ore di macchina c'era una località chiamata "Mohawk Trail", nella contea di Franklin, una rotta commerciale che veniva usata in passato dai nativi americani per collegare le valli dei fiumi Hudson e Mohawk, a New York, alle valli dei fiumi Deerfield e Connecticut, nel Massachusetts. È una storia interessante, il sentiero intreccia un tessuto di impronte, una vecchia città di mulini, montagne e distese impressionanti, ripercorrendo le orme dei nativi americani e dei primi coloni che hanno fatto di queste valli la loro casa. La verità nuda e cruda, però, è che quando siamo arrivati a destinazione ci siamo trovati davanti a un incrocio in cui c'era un segnale stradale accanto a un cimitero abbandonato. Dopo due ore di macchina, non era così emozionante vedere un segnale stradale piantato in mezzo al nulla, ma quello che sto per raccontarvi ha fatto guadagnare a Flavio un milione di punti.

Nei giorni passati a San Diego, Flavio mi propone di approfittare del fatto che siamo vicini a Tijuana, che è la prima città dopo il confine tra Stati Uniti e Messico e dista appena quaranta minuti di macchina. Dice che potremmo andare a visitare il Centro Scalabrini, uno spazio gestito dalla congregazione dei missionari di San Carlo fondata da Giovanni Battista Scalabrini (nel 1887), conosciuto come il "padre degli emigranti". Il centro, la Casa del Migrante, aperta nel 1985 a Tijuana, offre un servizio di accoglienza e ospitalità ai migranti, a tutte le persone che per i motivi più assurdi si sono trovate da un giorno all'altro a essere dei clandestini respinti dagli Stati Uniti al confine e costretti a una vita fatta di disagio e sofferenza. In quel luogo trovano qualcuno che può aiutarli anche solamente con un pasto caldo o con una consulenza legale gratuita. Alla Casa di Tijuana sono seguite quelle di Nuevo Laredo, Tapachula, Guatemala, Tecún Umán, El Salvador e Guadalajara.

Tijuana non è esattamente un posto tranquillo, ma noi eravamo fortunati: avevamo conosciuto Mariana e Lupita, due studentesse che avevano tutta la famiglia che viveva lì e che si sono proposte di accompagnarci in questo viaggio da fare in giornata. Loro sono due delle tantissime ragazze e ragazzi di origine messicana che studiano alla San Diego State University, che ogni giorno fanno i pendolari tra una nazione e l'altra, solo per poter studiare e assicurarsi un futuro migliore di quello dei loro genitori, che con ogni probabilità si sono fatti in quattro perché potessero studiare negli States. Non abbiamo avuto nessun problema a superare il confine statunitense in direzione del Messico e dopo un semplice controllo di rito da parte degli agenti alla dogana ci siamo ritrovati faccia a faccia con il muro.

Un mostro di cemento che fa da confine tra i due Stati, la cui costruzione è cominciata nel 1990, sotto la presidenza di Bush padre, proseguita sotto Clinton. Sono voluto scendere dalla macchina per vederlo da vicino e guardare le migliaia di scritte e disegni lasciati dai familiari che hanno perso dei parenti, morti durante i tentativi di fuga. Va ricordato che è illegale andare in America dal Messico eppure, nonostante i vari divieti, ogni notte sono tante le persone che tentano la fortuna provando a passare, e tutto questo ha trasformato quel luogo in una sorta di memoriale disseminato di scritte e disegni dedicati a gente scomparsa. Non ho perso l'occasione per fare una visita alla città e mentre ci stavamo dirigendo al "Centro Scalabrini" ho chiesto a Mariana e Lupita se conoscevano un barbiere dove potevo andare a tagliarmi i capelli.

La mia fissa del barbiere è nata dalla visione di tanti film americani in cui il "barbershop" è un microcosmo dove succede di tutto, per questo ogni volta che arrivo in un posto nuovo, in America, la prima cosa che faccio è cercare un barbiere. Come quando arrivai a New York la prima volta e prima ancora di posare le valigie in hotel alle undici di sera ero già in un barbershop di Spanish Harlem: volevo farlo perché è un posto dove ogni volta posso rivivere quell'atmosfera da film che cerco come un segugio che fiuta il suo cibo preferito.

Quando abbiamo iniziato ad addentrarci nel downtown di Tijuana ho immediatamente percepito una situazione distante anni luce da quella vissuta in America e gli sguardi sospettosi che incrociavo mi costringevano spesso ad abbassare gli occhi davanti a personaggi che sembravano usciti da una serie Netflix sui narcos. Ma lì non era un film e il rischio di essere coinvolti in una rapina era reale, anche se il fatto di essere accompagnati da gente del posto ci faceva sentire abbastanza tranquilli. In una via che affacciava su una delle strade principali c'era un mercato simile a quelli che abbiamo anche a Roma con i banchi di frutta e verdura chiusi dentro box con la serranda di ferro. Da uno di questi box, che aveva la serranda abbassata, usciva della musica rap a un volume assurdo. È proprio lì che l'istinto mi ha portato. Da "El Chino", il barbiere chicano di Tijuana che è diventato inconsapevolmente uno dei protagonisti della mia storia. Mariana e Lupita sono entrate per prime e, con poche frasi, hanno spiegato il fatto che un loro amico venuto dall'Italia voleva farsi tagliare i capelli. Dopo un momento di esitazione, mi sono ritrovato seduto su una poltrona circondato da El Chino e la sua gang. Per i primi dieci minuti non ci siamo scambiati neanche una parola, a parte qualche gesto che azzardavo per fargli capire il tipo di taglio che volevo. La diffidenza si sentiva nell'aria e per un attimo mi sono pentito di aver fatto quella scelta, iniziando a viaggiare con la testa e immaginando le tante scene violente viste nei film con cui sono cresciuto da ragazzino. La mia reazione era dovuta anche a tutta una serie di stereotipi immagazzinati nel mio cervello, ma le cose sono andate in maniera totalmente diversa, tutto grazie al fatto che sono un rapper.

Nelle canzoni e nelle interviste spesso ho detto che l'hip hop mi ha salvato la vita, e diciamo che anche in questo caso ha giocato un ruolo importante. Mentre ero seduto su quella poltrona immobile sotto il rasoio maneggiato da "El Chino", lo sento pronunciare poche parole biascicate.

«What are you doing here?» (Cosa ci fai qui?).

A quel punto decido di giocarmi subito la carta vincente e gli dico che sono un rapper italiano, e che mi trovo in California per questioni di lavoro.

«Rap exists in Italy?» (Esiste il rap in Italia?) chiede con il solito stupore già visto in diverse situazioni.

Gli rispondo subito di sì, chiedendogli di digitare il mio nome su YouTube per fargli vedere il clip della canzone *Guerrieri*. Avevo scelto quel video perché era di qualità eccellente, volevo fargli capire che ero uno che faceva rap sul serio, a livello "pro", non stavo inventando. Parte la canzone e dopo nemmeno un minuto accade l'inaspettato. Il barbershop si trasforma in un club con gente che entra ed esce per vedere il video di "El rapero italiano", il nome che mi avevano affibbiato. "El Chino" aveva chiamato un suo amico che faceva rap e lo aveva invitato a esibirsi davanti a me. Sembrava che ci conoscessimo da una vita, anche se fino a un'ora prima eravamo dei perfetti sconosciuti. La cosa più interessante del loro rap, a livello tecnico, era che potevano passare dallo spagnolo all'inglese in un attimo, creando un effetto musicale interessante, che molti chiamano "spanglish", un mix di inglese e spagnolo. Flavio intanto girava un video, perché era sicuro che quando l'avremmo raccontato non ci avrebbero creduto, ci avrebbero detto che era la scena di un film. Quel giorno ho avuto la conferma che il rap è un linguaggio universale e mi fa appartenere a una famiglia virtuale, che in ogni luogo del mondo mi accoglierà come un fratello e mi farà sentire protetto.

Perché io?

Perché dovrei tenere un corso di rap nella patria del rap? Io per primo all'inizio di questa avventura mi sono chiesto perché. E ogni volta che mi hanno invitato in America mi sono chiesto per quale ragione un college o un'università americana mi pagasse un viaggio intercontinentale e un cachet per farmi parlare di hip hop. Le risposte le ho trovate durante questi viaggi (sono arrivato a toccare oltre 25 college e università nel giro di cinque anni) e sono essenzialmente due: identità e cultura.

Intanto perché in America c'è sempre spazio per qualcosa di "altro", di nuovo, e il mio progetto di didattica e concerti nei college americani così viene percepito: come qualcosa di nuovo, come un altro modo per parlare di cultura e identità italiana. Tra gli oltre 300 milioni di abitanti degli Stati Uniti ci sono "Non Hispanic Black", "American Indian", "Asian", "Hispanic" e "Non Hispanic White", ma soprattutto ci sono oltre venti milioni di italiani, secondo il NIAF (National American Italian Foundation). Esistono scuole italiane, di ogni ordine e grado, in cui si insegna cultura italiana.

Certo, resistono alcuni stereotipi (Italia pasta pizza e mandolino), ma da quelle parti sanno cogliere "il senso" delle cose, forse più che da noi. Per loro il rap è raccontare, questo è il punto di partenza. È uno strumento di espressione, un alfabeto con cui si può scrivere la propria storia. E visto che viaggia sulla musica, secondo le regole della poesia, è un passaporto per parlare di assonanze, consonanze e rime. E qui l'uso del rap per parlare di scrittura, letteratura, poesia è un dato di fatto.

Quando Jay-Z gira il documentario *Fade to Black*, mentre sta registrando *The Black Album*, quello che doveva essere l'album prima del ritiro, fa poesia. La sua tecnica è un'improvvisazione continua, entra nella sala delle voci, fa partire il beat e mette le cuffie. Improvvisa una barra alla volta. Ascolta la prima barra. Stop. Improvvisa la seconda. Stop. Ascolta la prima e la seconda. Stop. Improvvisa la terza. Il risultato finale è un pezzo strepitoso, che lascia a bocca aperta. La barra è un verso. Le barre possono essere concatenate tra loro attraverso le rime. La rima è un'identità di suono della terminazione di due o più parole, a partire dalla vocale tonica («Nel mezzo del cammin di nostra vita / mi ritrovai per una selva oscura / ché la diritta via era smarrita»,

Dante). Abbiamo un'assonanza, invece, quando due versi contengono parole che hanno le stesse vocali ma consonanti diverse, e però sono simili per suono («La donzelletta vien dalla campagna / in sul calar del sole / col suo fascio dell'erba e reca in mano / un mazzolin di rose e di viole», Leopardi). La consonanza si ha quando si ottiene l'accordo delle sillabe finali di due parole con le stesse consonanti e vocali differenti («E andando nel sole che abbaglia / sentire con triste meraviglia / com'è tutta la vita e il suo travaglio / in questo seguitare una muraglia / che ha in cima cocci aguzzi di bottiglia», Montale).

Now it gets tough to ever love again
But the allure of the game, keeps calling your name
To all the Lauras of the world, I feel your pain
rima

I mean even James Dean couldn't escape the allure
Dying young, leaving a good-looking corpse
Of course...
assonanza

What the game did to my pulse with no results
And you can treat your nose and still won't come close
The game is a light bulb with eleventy-million volts
consonanza
(*Allure*, Jay-Z)

«Il tool è la parola», mi ha detto una volta Enrico Zammarchi. Lui è un grande cultore del rap e della "rima", lavora al corso di Comparative Studies della Ohio State University a Columbus, Ohio, un'università statale «in the middle of nowhere», dozzine di edifici, una cittadella a cielo aperto dove per cambiare dipartimento devi prendere il college-bus, decine di palestre e luoghi di socialità, un intero edificio dei Marine degli Stati Uniti, un palazzetto spettacolare e soprattutto lo stadio di football, tra i 10 più grandi al mondo, da rimanere senza fiato. Intorno al campus la città di Columbus, la cui crisi è irreversibile, proporzionale all'incremento del livello di violenza (+ 39% di omicidi tra il 2018 e 2019).

L'università è una città nella città e lì atterro da Washington DC nel febbraio del 2018 per tenere una *lecture* sul tema dell'identità, proprio nello storico college che ha ospitato un mito del pantheon "black" americano, Jesse Owens vincitore di 4 medaglie d'oro alle Olimpiadi di Berlino 1936, le Olimpiadi di Hitler, le Olimpiadi della purezza bianca...

Dopo aver fatto una tesi sulla storia della cultura hip hop in Italia, Enrico ci ha preso in pieno, «il tool è la parola». Lo strumento è la parola, meglio di così non poteva dirlo.

Quella frase non nasce da una presunta gerarchia, su cui per altro si dibatte da un po' anche in Italia. Nessuno sostiene che la parola sia più importante della musica o viceversa, la relazione è solida e duratura pur con qualche libertà – secondo lo Zingarelli per esempio «il rap è un genere che spesso non ha supporto strumentale» (1981). Semplicemente negli Stati Uniti ci sono molte scuole che hanno corsi di italiano e di lingue “latine” e la parola è l’elemento centrale, e posso usarla per parlare della nuova Italia, quella delle seconde generazioni, attraverso il rap! Ma non solo, in alcuni casi ho tenuto delle *lectures* e incontri organizzati dal dipartimento di studi migranti, dal dipartimento di studi africani o da altri dipartimenti di linguistica.

Lavorare negli Stati Uniti è una ricarica mentale e umana senza pari. Fare incontri in prestigiose università, discutere e confrontarmi con docenti e studiosi e poi immergermi nella vita e nella quotidianità americana, nella dimensione umana, liberale e culturale di un Paese così grande e ricco di stimoli e contraddizioni, sono gli strumenti migliori per far crescere professionalmente il mio progetto didattico. Mi è capitato di conoscere studenti migranti nati nell’Iraq di Saddam Hussein, studentesse “dreamers” messicane e salvadoregne, professori di importanti cattedre di storia e filologia che in passato erano affiliati di una gang, ex membri di Bloods o Crips (cercate *Colors – Colori di guerra*, un film di Dennis Hopper, con Sean Penn e Robert Duvall) che mi hanno raccontato le deportazioni prima durante la Reagan-era e poi durante la Trump-era. Ho la possibilità di avere un accesso privilegiato, un punto di osservazione notevole dei diversi aspetti dell’America, da quella rurale, alle metropoli, dalle aree in rovina della Rust Belt passando per le nuove Silicon Valley sparse in California e Colorado.

Le ultime volte che ho attraversato l’oceano per tour didattici è stato a fine 2019, per una serie di incontri in Colorado, la terra dell’oro, magnifica e selvaggia. A invitarmi è stata Michela Ardizzoni, che insegna alla University of Colorado Boulder. A Denver l'università è uno dei luoghi centrali per il futuro della zona. Il giorno in cui sono arrivato a Denver è venuto a trovarmi un rapper italiano che vive a Colorado Springs, un posto non troppo lontano da lì. Lui si chiama Gio Green ed è un ragazzo veneto che si è trasferito negli Stati Uniti. La sua compagna è figlia di uno dei tanti militari che lavorano alla base NATO di Vicenza, e hanno in progetto di rimanere a vivere in Colorado. Insomma, ogni volta che vado da qualche parte, lontano dall'Italia, trovo sempre un "fratello" della mia famiglia hip hop.

Da Denver sono poi volato in Costa Est, a Boston.

Era fine novembre e avevo già in programma nuovi tour, poi all'inizio del 2020 si è bloccato tutto. Ho continuato a lavorare a distanza, ho organizzato un "home tour" con cinque college in cui gli studenti si collegavano via Zoom, ho partecipato a un simposio con oltre 120 docenti di tutta America riuniti, ho tenuto una *lecture* e, nonostante le restrizioni, ha funzionato benissimo. Era un lavoro che sentivo come necessario, in un Paese che si avvicinava alle elezioni in un clima di divisione e guerriglia.

Il 3 novembre ci sono state le presidenziali. Joe Biden è stato eletto presidente degli Stati Uniti d'America, e la sua vittoria è stata confermata dal collegio elettorale il 14 dicembre 2020.

Il Paese volta pagina.

Ma il 6 gennaio 2021 centinaia di sostenitori di Donald Trump attaccano la sede del Congresso a Washington DC e, superando i blocchi della polizia e occupando l'edificio, arrivano armati fino alle aule dove si riuniscono la Camera e il Senato. Ci sono 5 morti e più di 50 feriti.

Washington, 20 gennaio 2021, Joe Biden ha giurato: è il 46° presidente degli Stati Uniti.

> Questa è la giornata dell'America, della democrazia, della storia, della speranza. [...] Miei concittadini americani, dobbiamo essere diversi da questo. L'America deve essere migliore di così, e credo che l'America sia molto meglio di così. Guardatevi intorno. Ci troviamo qui, all'ombra della cupola del Campidoglio, [...] completata durante la guerra civile, quando l'unione stessa era letteralmente in bilico. Eppure abbiamo resistito. Abbiamo vinto. Eccoci qui, a guardare il grande Mall dove il dottor King ha parlato del suo sogno. Siamo qui dove, 108 anni fa, in un'altra inaugurazione, migliaia di manifestanti cercarono di bloccare le donne coraggiose che marciavano per il diritto di voto. E oggi celebriamo il giuramento della prima donna nella storia americana eletta a una carica nazionale, la vicepresidente Kamala Harris.
> Non ditemi che le cose non possono cambiare!
> [...] Ed eccoci qui, pochi giorni dopo che una folla ribelle pensava di poter usare la violenza per mettere a tacere la volontà del popolo, per fermare il lavoro della nostra democrazia, per allontanarci da questo terreno sacro. Non è successo. Non succederà mai. Non oggi. Non domani. Mai.

«N-word»

Cancellata dal "politically correct", condannata ma ancora molto utilizzata. È la «N-word», la parola negro. Come mi ha spiegato Hiram I. Smith, docente di linguistica alla Bucknell University, dove sono stato invitato diverse volte, l'uso di "nigga" (negro) da parte degli artisti hip hop alcuni decenni fa era un modo di dare seguito e valore alla ricca tradizione orale nera, il loro modo di "lasciare il segno". Era un uso profondamente radicato all'interno della cultura afroamericana. Ovviamente, l'uso di *bitch*, *muthafucka*, *hoe*, e *nigga* nella musica rap può anche essere considerato una strategia di marketing messa in atto da parte delle etichette discografiche che traggono maggiore profitto se vendono un prodotto "gangster". I dati dimostrano che l'uso tra i neri è consolidato da tempo. Non ci sono prove che questa lunga tradizione di utilizzo sia stata interrotta o sia cambiata in modo significativo, né che gli afroamericani abbiano rivendicato l'uso di quella parola come un atto di riappropriazione culturale. Il mito della riappropriazione è alimentato anche dalla mancanza di studi linguistici. Secondo alcune analisi quantitative la parola "negro" non viene mai utilizzata dai neri come termine amichevole. Semmai, sono i maschi bianchi che si sono appropriati dell'espressione *my nigga* per quell'uso.

Alle orecchie dei bianchi (e di alcuni neri) l'uso di *nigga* suonava come una sorta di "rivendicazione", e invece dipendeva soltanto da una scarsa familiarità con le regole linguistiche tradizionali afroamericane. Questa profonda mancanza di consapevolezza linguistica, storica e culturale ha consentito ai bianchi di usare questa parola in maniera dannosa. Senza conoscere la vita delle comunità afroamericane, i bianchi hanno fatto fatica a capire che il significato non segue una regola "etica". Artisti come Redd Foxx, Richard Pryor e Paul Mooney hanno pronunciato la n-word sul palco o nei loro dischi perché aveva una lunga storia di utilizzo nella loro comunità. Non censuravano la loro routine, semplicemente parlavano la loro lingua quotidiana.

Osaka up!

Ringrazierò sempre il rap per avermi portato negli Stati Uniti, e in America, ma non avrei mai immaginato di arrivare fino in Giappone e ancora oggi ripensandoci mi sembra surreale. Quando me lo hanno proposto facevo fatica a immaginarmi in un luogo così lontano dall'Italia, ma qualche mese dopo ero davvero in cattedra alla Ritsumeikan University di Kyoto per un incontro didattico organizzato dal professore di cultura italiana Hideyuki Doi. La chiamata iniziale arrivò da Stefano Fossati, addetto culturale del ministero degli Esteri italiano, e attualmente direttore dell'Istituto di cultura italiana a Hong Kong, che si interessò al mio progetto educativo grazie a Domenico Coduto, una nostra conoscenza in comune che insieme a Pino Pecorelli è tra gli ideatori del progetto "Piccola orchestra di Torpignattara", con cui ho collaborato più volte.

La proposta consisteva in dieci giorni a Osaka in cui avrei dovuto lavorare in università per un laboratorio didattico con il rap, e con l'occasione erano anche riusciti a inserire il mio nome in un evento musicale. Come sempre volevo sfruttare al massimo questa occasione e mi misi subito in contatto con Sebastiano Gosmar, conosciuto in Italia e in Giappone con il nome di dj SeebStyle. Anche lui è uno dei tanti emigrati italiani all'estero che di volta in volta mi danno amore e supporto in queste tappe oltreoceano. Sebastiano insegna lingua italiana in una scuola privata, e si divide tra il lavoro di docente e quello di dj e gli chiesi di mettermi in contatto con la scena hip hop locale. Uno dei motivi principali era il fatto che avrei voluto girare il videoclip di un mio brano che era uscito da poco dal titolo *Vichinghi e Samurai*, e realizzarlo a Osaka sarebbe stato perfetto perché le location si prestavano particolarmente a quel tipo di suono, e anche perché poteva essere una bella testimonianza di quell'operazione di "diplomazia culturale". La mia intuizione funzionò al punto che il video venne finanziato interamente dall'Istituto di cultura, che mi chiese di inserire il logo nel frame iniziale.

Tra le varie tappe del tour c'era il concerto al festival The Union in cui avrei dovuto condividere il palco con artisti locali con cui strinsi da subito amicizia. Nomi come Boilrhyme, Madjag, Dj Fuku, Grandcircus eccetera ma il più importante di questi artisti che si sarebbe dovuto esibire si chiama Shingo Nishinari, ed è un rapper della vecchia scuola come fosse Jay-Z negli Stati Uniti. Shingo arrivò nel backstage scortato dal suo staff e venne appositamente a cercarmi per presentarsi e passare un po' di tempo insieme prima dell'esibizione. Accettò subito il mio invito a partecipare come cammeo nel video che avrei dovuto girare qualche giorno dopo, ma la cosa che mi lasciò stupito e senza parole fu il suo flow. Non mi era mai capitato di sentire dal vivo un rapper giapponese e quella volta avevo davanti il non plus ultra. Tirai fuori il telefono per girare un video da postare sul mio profilo Instagram e chiesi a Seebstyle di scattare una foto che postai con questa descrizione:

> Lui è #shingonishinari il rapper numero uno a Osaka. Qui è considerato una leggenda, e mi stava dicendo che ha ascoltato le mie canzoni grazie a Dj @seebstyle! Tra le sue hit più note qui in #Giappone c'è il brano #osakaup.

Il peso delle parole

Questa è Roma è uno dei miei brani più fortunati. Mi ha aiutato a entrare nel mondo del cinema con la colonna sonora di *Scialla!*, e più recentemente è stato scelto per la colonna sonora di *Suburra 2* prodotta da Netflix. Fa parte del disco *Paura di Nessuno*, che è uscito nel 2008 ed è uno dei miei album più completi, soprattutto a livello di scrittura e di suono. Dietro c'era la Ceasar Productions, ossia Paolo Catoni che all'epoca aveva il classico home studio in cameretta nella sua casa a Chieti, in provincia di Pescara, dove viveva con i genitori e il fratello. Per lavorare al disco stavo spesso da lui e penso di averne scritto buona parte dentro i pullman che mi traghettavano ogni volta dalla stazione di Chieti Scalo a Stazione Tiburtina e viceversa. Oggi Paolo vive a Los Angeles.

L'idea di scrivere un brano per la mia città non era niente di troppo originale visto che è uno dei "fondamentali" per ogni rapper che si rispetti, da Nas a Jay-Z, dai Colle der Fomento ai Club Dogo.

Il mio intento non era altro che scrivere un pezzo bello "coatto" dedicato alla città che amo e dove sono cresciuto e non mi sarei mai aspettato che per quella canzone mi sarei dovuto difendere per la prima volta nella vita dall'accusa di utilizzare un linguaggio che offende le donne.

Come sempre all'uscita del disco è seguita la classica serie di inviti che fanno parte del percorso promozionale e, per come mi ero posizionato a livello di immagine, in quel periodo passavo da un'ospitata televisiva alla radio di un centro sociale. E come ho già ricordato, è in una delle emittenti che fanno parte del circuito indipendente romano che ho avuto una discussione con un collettivo femminista.

Prima del mio ingresso in trasmissione per essere intervistato, le ragazze del collettivo mi hanno chiesto un confronto, che ho accettato con piacere. Ritenevano che il testo di una delle canzoni del disco fosse offensivo. Era *Questa è Roma*.

Sono rimasto spiazzato quando mi hanno fatto notare che nel ritornello c'è la parola "troie".

Certo che lo so che la parola ha un significato dispregiativo, su questo non mi sentivo nemmeno di entrare in discussione, ma cercavo di spiegare che quella parola andava contestualizzata all'interno della canzone.

In un elenco di figure che sono parte del tessuto urbano della città, raccontato da uno che in quel tessuto ci vive, insieme a campetti, bische, coatti, guardie, non avrei potuto usare la parola "prostituta", non avrebbe avuto la stessa forza. Sarebbe stata stonata, fuori contesto.

Quando ho scritto quella canzone, per quel verso mi sono ispirato a un testo di Pasolini in cui lui per parlare delle donne che mettono in vendita il loro corpo non si faceva problemi a usare il termine "puttana", come ha fatto nella poesia *Sesso, consolazione della miseria!*, che è nella raccolta *La religione del mio tempo*, pubblicata nel 1961.

Sesso, consolazione della miseria!
La puttana è una regina, il suo trono
È un rudere, la sua terra un pezzo
Di merdoso prato, il suo scettro
Una borsetta di vernice rossa:
Abbaia nella notte, sporca e feroce
Come un'antica madre: difende
Il suo possesso e la sua vita.
I magnaccia, attorno, a frotte [...].

Se avevo deciso di usare quella parola, era perché volevo avere anch'io quella stessa forza espressiva. Forza che aveva un altro poeta romano, Trilussa, che nel sonetto *L'ingiustizzie der monno* marchia in romanesco l'ipocrisia della società che ha parole diverse a seconda del gradino sociale occupato dalla persona che si vuole definire.

Quanno che senti di': "cleptomania",
È segno ch'è un signore che ha arubbato.
Er ladro ricco è sempre un ammalato
E er furto che commette è una pazzia.
Ma si invece è un povero affamato
Che rubba 'na pagnotta e scappa via,
Pe lui nun c'è nissuna malatia,
Che je 'mpedisca d'esse condannato.
Così va er monno. L'antra settimana,

Che Yeta se ne agnede cor sartore,
Tutta la gente disse: è 'na puttana.
Ma la duchessa che scappò in America,
Cor cammeriere de l'ambasciatore:
"Povera donna", dissero, "è un'isterica".

Tra le altre cose l'uso del dialetto nel rap è un elemento che può aiutare ad avere più possibilità di fare rime e va valorizzato, sempre tenendo al centro l'obiettivo che ci poniamo a livello comunicativo. Se devo scrivere un singolo per le radio probabilmente uso l'italiano perché il testo sia più comprensibile e viceversa sfrutterò la mia conoscenza del dialetto per creare dei giochi di parole interessanti.

A livello di scrittura c'è un vantaggio per chi parla un dialetto fatto di parole spezzate. A Napoli c'è un gruppo che ha fatto del dialetto un punto di forza: sono La Famiglia, composta da Polo e il suo socio Sha One. Ascoltare il loro disco *Quarantunesimo parallelo* del 1997 è un'esperienza sonora coinvolgente, e a volte ci si può confondere pensando che chi sta cantando sia un rapper di New York. Non sono da meno i Co' Sang, Luchè e 'Ntò che hanno fatto un disco solo: *Chi more pe' mme*, che è considerato un classico del rap italiano totalmente rappato in napoletano.

Il rap e le ragazze

La discussione e il confronto che avevo avuto con le ragazze del collettivo mi aveva fatto riflettere.

Loro mi avevano spiegato che stavano ragionando su come si potesse favorire la riqualificazione del termine “puttana”, trasformandolo in un’espressione neutra, come “sex worker”. Non ero pienamente convinto del loro approccio, ma capivo quello che mi stavano dicendo. Mi hanno spinto a guardare le cose da un altro punto di vista, a leggere le mie parole con un altro sguardo: quello di una ragazza, di una donna.

Pensavo che le parole usate dal poeta corsaro che raccontava la periferia romana fatta di strade bianche eppure oscura, fatta di facce tristi e allegre, perverse e timide, non potessero essere messe in discussione. E invece quel giorno per la prima volta mi sono ritrovato a interrogarmi su quanto ci si possa davvero sentire liberi di usare certe parole senza preoccuparsi di ferire qualcuno.

Sono cresciuto in una famiglia di donne: mia madre, mia sorella e mia zia. L’idea di aver potuto ferire anche una sola di quelle ragazze mi aveva fatto cambiare prospettiva. Da quel momento ogni volta che mi sono trovato a cantare in pubblico la canzone nel momento in cui dovevo pronunciare la parola “troie” mi sentivo in imbarazzo.

Alla fine ho deciso di tagliare quella parola dal ritornello quando cantavo il brano dal vivo. La canzone funzionava anche così.

E da allora ci faccio attenzione, e quando scrivo cerco di scegliere altre parole, o comunque di capire se è quella la parola giusta, e se il suo essere giusta vale la ferita o l’offesa verso qualcuno. Non uso quella parola nei confronti delle donne nella mia vita, non voglio usarla davanti a mio figlio, e ho deciso di non usarla quando faccio rap. Perché non è scritto da nessuna parte che per fare il rapper e avere credibilità si debba seguire lo stereotipo americano in cui la parola *bitch* è ormai sdoganata.

Alla fine degli anni Ottanta si parlava espressamente di “gangsta rap” come se fosse una specifica categoria musicale con rapper come N.W.A., Ice-T, Snoop Dogg, Outlawz, Tupac, che nelle loro canzoni raccontavano quello che succedeva nei ghetti di Los Angeles.

Testi in cui si parlava di droga, di prostituzione, insomma, la narrazione esplicita e senza filtri di quello che loro avevano vissuto e visto, e nessuno si sarebbe improvvisato in questo senso. O lo avevi vissuto veramente o non lo raccontavi.

L'opinione di Ice è stato il primo libro che ho letto senza provare la sensazione che qualcuno mi stesse chiedendo di fare i compiti... e lui in quel libro racconta in maniera molto diretta la sua vita che, come dice il sottotitolo è *A Memoir of Gangster Life and Redemption - from South Central to Hollywood*: la sua vita nel ghetto, gli scontri con Daryl Gates, il capo della polizia durante le rivolte di Los Angeles del '92 che aveva difeso i quattro agenti che avevano picchiato un tassista nero, Rodney King, facendoli assolvere da ogni accusa.

Oggi è diverso, l'attitudine dei rapper è “gangsta”, si può intendere più come un atteggiamento del rapper che è arrogante quando “fa la sua cosa”, e fa semplicemente parte di un personaggio che funziona, è evidente che è una rappresentazione teatrale che aiuta a vendere. Il gangsta rap di oggi è come il wrestling: tutti sanno che è finzione eppure partecipano alla rappresentazione, i protagonisti e il pubblico sono coscienti che tutto quello che succede sul ring non è reale, e finito l'incontro si torna alla vita di tutti i giorni.

Manifesto per l'antisessismo nel rap italiano

Dieci anni dopo la mia censura alla radio romana, Non una di meno, un movimento politico transfemminista, intersezionale, antirazzista, antifascista, anticapitalista, autonomo da qualsiasi partito, che mira alla trasformazione radicale della società a partire dalla lotta contro la violenza maschile e di genere e contro le gerarchie sociali, scrive un *Manifesto per l'antisessismo nel rap italiano.*

Nell'introduzione al *Manifesto*, Wissal Houbabi dice che il primo passo per risolvere un problema è riconoscere che c'è un problema. Solo se riconosciamo che c'è un problema possiamo affrontare le conseguenze che semina. E il rap deve rompere l'immagine stereotipata della donna, che ha cristallizzato in oggetto da usare, da avere, come se dominare sulle donne fosse dominare sulla società.

Quando mi hanno proposto di aderire al *Manifesto per l'antisessismo nel rap italiano* ho rifiutato, e il motivo principale è che non conoscevo Wissal Houbabi. La richiesta mi era arrivata da una conoscenza in comune e non direttamente da lei, e anche questo probabilmente avrà influito. Soprattutto per pregiudizio mio non la ritenevo una voce autorevole all'interno del mondo del rap. Avrei preferito che la proposta di questo manifesto antisessista fosse arrivata da una rapper. Ripensare alla mia prima reazione a quella richiesta mi fa sorridere, perché oggi Wissal Houbabi è una cara amica con cui mi capita spesso di collaborare e con cui c'è grande stima reciproca sia a livello umano che artistico. Perché Wissal dipinge, scrive poesie, recita, e chi più ne ha più ne metta. Ma l'aspetto della credibilità nel mio mondo è fondamentale, e il fatto che lei fosse estranea al mondo del rap mi aveva portato al no, grazie.

Ho sbagliato. E riconosco tranquillamente che il mio è stato un atteggiamento legato a dinamiche vecchie che ormai non fanno parte della contemporaneità; chi continua a pensarla in questo modo si è costruito delle convinzioni che non hanno un fondamento solido.

Se una persona esprime il proprio parere in modo costruttivo e intelligente, anche se è "fuori" dalla scena, va ascoltata. La cultura hip hop è per definizione inclusiva, e non è corretto pensare che per poter esprimere un'opinione tu debba essere necessariamente un rapper. Questo l'ho imparato nei miei viaggi negli Stati Uniti, dopo aver visto come funziona e come affrontano l'argomento: lì esiste tutto un apparato di media, docenti, attivisti eccetera che non sono artisti che scrivono rime o che fanno beats, ma trattano l'hip hop come un vero e proprio movimento culturale, cui danno il loro contributo anche senza aver mai scritto o cantato una rima.

Parlare di femminismo nel rap italiano è un argomento spinoso e se non viene affrontato da qualcuno che conosce bene le dinamiche che hanno portato la musica rap ad avere un immaginario stereotipato fatto prevalentemente di uomini che sono circondati da belle donne svestite, si rischia di cadere in considerazioni banali e approssimative.

Wissal è una delle ragazze più esperte in Italia che si sono occupate di questo argomento, e lo è diventata andando a scavare in profondità per trovare il motivo per cui ad esempio in America le donne si chiamano tranquillamente *bitch* (puttana) e gli uomini si chiamano *nigga* (negro) e il suo spessore come ricercatrice emerge in modo evidente in alcuni articoli che consiglio di leggere a chiunque voglia farsi un'idea chiara di come funziona l'utilizzo di alcune parole nel rap.

Cito qui soltanto due dei sette punti del *Manifesto*, perché penso siano aspetti su cui noi rapper possiamo agire.

> 2. L'impegno all'antisessismo formale
> Chiediamo a chiunque sottoscrive questo manifesto di non produrre o promuovere testi di carattere esplicitamente sessista, il sessismo e l'omofobia negli spazi hip hop continuano a non essere controllati, non è più accettabile giustificarli come una componente valoriale imprescindibile della cultura.
>
> 3. L'impegno all'antisessismo sostanziale
> Chiediamo a chiunque sottoscrive questo manifesto di non produrre o promuovere testi implicitamente sessisti, oggettificanti nei confronti della donna e del suo corpo o in cui si dia per scontata

una posizione subalterna del genere femminile, testi che influenzano i modelli sociali e la mentalità comune, fuori e dentro ai contesti hip hop.

Il sessismo nel rap esiste. Esiste un sessismo esplicito – formale, tramite l'uso di un linguaggio offensivo – e un sessismo implicito – sostanziale, che dà per scontata la posizione subalterna della donna. Il rap è una forma che permette di esprimersi liberamente, e nella libertà c'è posto tanto per la provocazione quanto per l'insegnamento. Il moralismo non ci aiuta e l'argomento è complesso, più delle parole di una canzone rap.

Giulia Blasi, scrittrice e conduttrice radiofonica, molto attenta alle questioni di genere, che ha creato la campagna #quellavoltache in cui le ragazze raccontano le molestie che hanno subito e come sono cambiate le loro vite, in un'intervista ha spostato il fuoco, dando una lettura interessante: il sessismo del rap è un problema artistico più che etico.

> Che valore ha, artisticamente, uno che mi ripropone le stesse cose proposte da mille altri artisti prima di lui, senza cambiarle di una virgola o aggiungendo alcuna visione, ma facendo ricorso ai vecchi logori stereotipi sui rapporti dei sessi? Usando la donna come valvola di sfogo di frustrazioni personali? Per me questa cosa qua non può prescindere dalla critica artistica, perché il testo nel rap è tutto. La narrazione è tutto e se mi fai la stessa narrazione che hanno fatto migliaia di persone prima di te, mi citi Tarantino ed Eminem

per giustificarti, mi stai solo dicendo che non vuoi essere un individuo che racconta delle storie, ma uno che fa sensazione sulla pelle delle altre senza avere nulla da aggiungere, quindi la tua parola è povera.

Questo discorso, che è nato con la polemica per Junior Cally al festival di Sanremo del 2020, purtroppo vale ancora. Rap e trap continuano a usare parole come "bitch", "cagna" e "puttana". Ci sono alcune ragazze che hanno cominciato una carriera musicale, hanno fatto un percorso di sopravvivenza e poi hanno scelto di spostarsi ad altri generi, il pop per esempio. Oggi la scena italiana è più ricca, più complessa, c'è un certo fermento, le ragazze rappano, hanno stile e vogliono il loro spazio.

Invece di scambiare rime come figurine

Le donne nel rap in Italia hanno dovuto faticare per arrivare alla situazione in cui siamo, in cui è diventato normale sentire una ragazza fare rime.

Nella seconda decade del duemila Baby K è stata una di quelle che ha dato una bella svolta al genere, contribuendo soprattutto al consolidamento di un immaginario che era quello della *Femmina Alfa*, ovvero la donna che si è costruita da sola e non ha bisogno di un uomo per raggiungere i suoi obiettivi, in controtendenza con l'immaginario stereotipato del rapper circondato di belle donne che obbediscono a ogni suo desiderio.

Tu guardami in faccia: una femmina a caccia
Il branco si alza, dirigo la marcia
Mani nel fango, io strillo, non piango
Guerriera sopra un palco, sguardo verso l'alto
Sono io e comando
Femmina alfa, rivalsa, la massa si esalta.

Oggi ci sono Chadia Rodríguez, Beba o Madame, solo per citarne alcune. E Madame con Fabri Fibra canta così in *Il mio amico*.

Tu sei la mia strada, le Champs-Élysées
Tu mi hai salvato dal vuoto che c'è
Sei più di un amico, tu frate sei un mito
Lo so che fa strano, ma parlo del rap.

Per fare un'analisi approfondita del rap femminile bisogna partire dalle origini negli Stati Uniti dove già negli anni '80 c'erano tante donne che facevano rap che non avevano nulla da invidiare ai rapper uomini di quel periodo storico, e sono riuscite da subito a creare una scena variegata che offriva diversi stili di rap.

Negli States il fattore estetico è stato da sempre un punto forte con cui le rapper americane hanno saputo giocare in maniera consapevole, e senza cadere in falsi moralismi. Va detto che non si sono mai fatte il minimo problema a fare leva anche sul fattore fisico per arricchire il loro personaggio, e questo si poteva tradurre in un tipo di abbigliamento vistoso che faceva da cornice a musica di qualità. Non diversamente dagli uomini. Penso a Roxanne Shanté e Queen Latifah, per esempio. Queen Latifah con il turbante fa la stessa identica cosa che Tupac Shakur fa con la bandana in testa.

L'abbigliamento può diventare strategico se si ha l'obiettivo di catturare l'attenzione di chi abbiamo davanti, ma dobbiamo essere consapevoli che a fare la differenza è il prodotto musicale che l'abito avvolge, e il contrario non potrebbe funzionare a lungo. Se una bella ragazza o un bel ragazzo mettesse davanti al talento nel fare rap un bel fisico e giocasse esclusivamente su quello, il personaggio potrebbe durare al massimo una stagione ma poi verrebbe rimpiazzato facilmente da un altro personaggio più giovane o più bello.

Nel mio mondo questo meccanismo non funziona, perché alla base del rap c'è il saper fare bene il rap, è questo l'elemento fondamentale per avere credibilità e durare nel tempo.

All'inizio le rapper italiane imitavano i colleghi maschi, faticando parecchio per trovare un'identità. Ma non era quella la strada.

Una strada nuova l'ha segnata La Pina, che è una delle donne più importanti che hanno fatto rap in Italia e hanno lasciato un segno indelebile. L'ho conosciuta verso la fine degli anni '90, quando io ero agli esordi della mia carriera e lei era già su MTV con i suoi video e aveva pubblicato l'album *Piovono angeli* con la PolyGram. Oggi la ascoltate su Radio Deejay ogni pomeriggio, a *Pinocchio*, con Diego Passoni, ed è un personaggio conosciuto nel panorama culturale italiano, ma al tempo era l'unica rapper che con le sue rime era riuscita a rendere giustizia a tutte le "flygirl" (le ragazze, corrispettivo di b-boy) in Italia. Brani come *Questa fly* riuscivano a descrivere in maniera divertente quei momenti di complicità e amicizia tra donne, senza rincorrere modelli maschili...

1-9-9-7, l'hip hop con le tette non smette
Le unghie sempre più lunghe affilate come lamette
Metriche cosmetiche
Puoi ballare tutto quello che comprimi nella mini,
  vestitini, o robe ampie
Butta un occhio in giro se ci sono bei bambini,
  nonchalante
Alla conquista, una parte della festa è in pista
Se c'è il dj che mischia
La giusta dose di R'N'B con il rap
Scatta la riunione alla toilette:
Un sabba di infamate e complimenti,
  smazzo di assorbenti
  ombretti, rossetti
Senti quello che non sai ma è un po' che te l'aspetti
Fin dall'inizio, doveva andarci piano con quel tizio
Che non aveva un nome e tantomeno l'indirizzo
Per togliersi lo sfizio,
La tipa adesso ha una pagnotta in forno come
  Rizzo
Forse per qualcuno resterà il dilemma
Ma per quel che ci riguarda noi speriamo che sia
  femmina.

La Pina con le amiche scende in pista e inizia un botta e risposta con il rapper Esa, che in quel momento dice di essersi perso a parlare con un suo amico di rap invece di raggiungerla. C'è un verso con cui lei "prende in giro" Esa:

Yo! B-boy, smolla il colpo
Dimostra alle mie amiche quanto sei disinvolto:
Invece di scambiare rime come figurine
È il momento di far fare un giro a queste signorine!

Credo che sia indicativo di un punto di vista diverso, femminile, molto ironico sullo stesso fare rap: mentre i rapper uomini sono seriosi, cercano sempre di "darsi un tono" e si danno molta importanza quando rappano (lo stesso Esa nella canzone si vanta con La Pina di essere l'MC che ha organizzato quella festa), lei invece li "rimette a posto" con ironia, sdrammatizza. La Pina aveva trovato il giusto equilibrio tra contenuto e stile riuscendo a creare quello che possiamo considerare il primo prodotto musicale di rap femminile italiano a livello mainstream e solo ora che ho uno sguardo più "distaccato" ne comprendo al meglio il valore a livello artistico e sociologico.

Prima di lei e per molto tempo dopo di lei, all'interno della scena rap italiana le donne dovevano quasi nascondere la loro femminilità per ritagliarsi uno spazio in un mondo tutto maschile, ma oggi la situazione è cambiata. La globalizzazione e la conseguente diffusione dei social media hanno dato la possibilità a tutti di confrontarsi a livello mondiale cercando le informazioni necessarie; parlando di rap oggi una ragazza italiana che si appassiona avrà probabilmente come punti di riferimento delle rapper come Nicki Minaj e Cardi B, che sono dei "mostri" a livello tecnico al punto di dare una pista a molti rapper uomini, e hanno un'estetica forte a livello fisico. Anche questa è una conquista.

Il peso delle parole

Affrontare il peso delle parole – come i *21 grammi* dell'ultimo respiro nel film di Iñárritu – anche al di fuori del tema del sessismo sollevato dalle ragazze della radio, è diventato un aspetto del mio lavoro, un aspetto sempre più importante. Lo è quando scelgo le parole delle mie canzoni, quando scelgo le parole da usare con i ragazzi, e ognuno di loro potrebbe essere mio figlio. Non ne faccio un motivo di vanto, non mi sento più bravo o più educato di altri miei colleghi, semplicemente sono così.

Sono così, e forse lo sono diventato un po' di più quando è nato Niccolò. Perché crescendo la consapevolezza cresce, e si fa più forte quando hai un figlio. Io sono diventato padre a 21 anni, la mia consapevolezza è cresciuta presto. E altrettanto presto è diventata responsabilità.

Qualche tempo fa Emis Killa e Lazza hanno partecipato all'incontro «I rapper hanno una responsabilità?», condotto da Antonio Dikele Distefano. C'è un momento che mi è rimasto impresso. Parlando di ragazzi che condividono i video in cui i poliziotti sparano alla schiena di un ragazzo afroamericano chiedendosi se il ragazzo stesse spacciando, Emis Killa (1989) si chiede: «Come posso sperare di insegnarti qualcosa? Significa che mi vedi come antagonista e non come esempio, e se è così, allora o non sono bravo io o ha sbagliato tuo padre per quindici anni, e io non posso contrastare quindici anni di insegnamenti sbagliati e cattivi esempi con i post su Instagram». Sia Emis Killa sia Lazza (1994) sostenevano che la responsabilità non può essere dei rapper, o solo dei rapper, è la famiglia che ha il ruolo principale. E questa cosa io la sento forte. Il mio ruolo di figlio e il mio ruolo di padre.

Nell'universo di cliché in cui spesso costringiamo il rap e la trap – soldi, donne, moda, il gioco a chi fa il più cattivo della piazza – non sembra ci sia spazio di movimento. E invece c'è. Il rap è un genere che sa mettersi in discussione. Che nasce dalla discussione, dal meticciato, dall'intreccio di tante radici, e già dalle sue origini si è sempre mosso su due livelli: uno più scanzonato legato all'intrattenimento e un altro più profondo in cui le rime sono il veicolo di un messaggio importante. Pensiamo a un brano come *Rapper's Delight*, pubblicato nel 1979 dagli Sugarhill Gang, che ha portato il rap nelle classifiche di mezzo mondo: a rendere così famoso quel singolo è stata soprattutto la leggerezza del testo e il suo ritmo ballabile. Una decina di anni prima, però, esistevano già gruppi con un approccio totalmente differente, come i The Last Poets, un collettivo di poeti e musicisti che si battevano per i diritti civili delle persone afroamericane e che stavano gettando i primi semi di una nuova forma ibrida di "poesia musicale" molto vicina al rap, i cui testi parlavano di politica e diritti sociali.

Guardando oltre gli stereotipi, i rapper utilizzano rime e beat per metterci dentro quello che ritengono importante, usandoli come se fossero una scatola da riempire. Per qualcuno è death rap come Necro o Metal Carter, per altri è rap d'amore come Drake, Mecna o Ghemon, per altri ancora è un messaggio politico come tanti pezzi dei Public Enemy o degli Assalti Frontali, oppure può trattarsi di street rap come hanno fatto i Co' Sang o i Club Dogo, e la lista potrebbe continuare. Quando un rapper dice che stare per strada a spacciare è figo si deve avere sempre in mente che scrivere una barra sullo spaccio, sulla droga, sulle rapine, come dice Tupac in *All eyez on Me*, non significa essere uno spacciatore, un drogato, un rapinatore. La canzone è anche finzione, è creare un personaggio, come si disegna la figura di un videogame o come si costruisce il personaggio di un libro o il protagonista di un film.

> Il guaio è che il Pigna si crede un gran furbo. Prima comincia a fare la cresta, poi, quando si sente sicuro, arraffa un grosso carico, lo vende per conto suo e sparisce. [...] Coi soldi fregati al Samurai s'è comperato una palestra, ha reclutato quattro ragazzotti di borgata e s'è messo a spacciare in proprio. Il Samurai prova a recuperarlo con le buone [...]. Pigna non sente ragioni. [...]. Una sera, in palestra si presenta un tipo mai visto prima [...] tira fuori una mitraglietta Skorpion [...]. Finalmente, la porta si apre e arriva lui. Il Samurai. Sotto lo spolverino porta un kimono e fra le mani ha una katana, la spada affilatissima dei giapponesi. Punta diritto al Pigna e gli tiene un discorsetto: [...] caro Pigna, gli dice, tu adesso con questa spada ti apri la pancia, e io ti guarderò morire.

Questa è una delle prime pagine di *Suburra*, il romanzo di Giancarlo De Cataldo e Carlo Bonini da cui sono stati tratti il film e la serie di Netflix. La storia del Pigna e del Samurai è raccontata come fosse un videogioco, le immagini sincopate, le scene quasi da cartone animato feroce, senza nessun buono che viene a salvarti. Il Samurai è un boss legato alla mafia siciliana che vuole trasformare il lungomare di Ostia in un porto, per portare a Roma sempre più droga, e avere nuove piazze di spaccio.

Ecco, questo è un esempio per dire che scrivere, o cantare, è come recitare un monologo a teatro. Bisogna aver chiaro in mente che lui è me, ma non sono io.

Per dire, dentro *Paura di nessuno* c'è *Inossidabile*, in cui racconto situazioni legate al crimine che ho vissuto ma non mirano mai all'esaltazione di quel tipo di vita celebrandola come qualcosa di bello, ma sono solamente un racconto di quello che ho vissuto senza filtri.

> Sono stato dentro ville di boss
> Tra Ferrari sale giochi Lamborghini Honda e
> Porsche
> E non è bello quando hai il sonno leggero
> Ogni rumore dalla porta hai paranoie sul serio
> Prendevo il treno ritornavo la sera
> Andavo a Napoli a trovare mio padre in galera
> Ci incontravamo, io ogni volta fingevo
> Mi chiedeva come stavo, lo abbracciavo e ridevo
> Nessuno potrà darci indietro quegli anni.
> [...] Ogni mattina il sole entra da uno spiraglio
> Viene a ricordarti che sei vivo, questo è il
> necessario
> Guardo mio figlio e trovo un senso a tutto questo
> Lui mi illumina la strada, tiro dritto e non vi
> aspetto.

Professionalmente ho vissuto dei periodi d'oro, in cui guadagnavo bene, ero su tutti i giornali e passavo su MTV.

In altri momenti facevo fatica a pagare l'affitto. Non ho avuto una famiglia alle spalle che poteva sostenermi: ho sempre vissuto della mia musica, contando solo sulle mie forze. E questo mi ha fatto guardare alle cose che mi capitavano con occhi un po' diversi.

Lavorare a *Scialla!* mi è piaciuto moltissimo, con Francesco Bruni, il regista (già sceneggiatore dei film di Paolo Virzì e della fiction sul commissario Montalbano) si è creato subito un bel rapporto di fiducia e collaborazione. Suo figlio, che ascoltava hip hop, gli ha fatto sentire alcuni miei pezzi che si sposavano abbastanza con il tema di *Scialla!*, un po' critico nei confronti della vita di strada. Io ho sempre avuto un approccio diverso dagli altri, rispetto alle tematiche street, perché a causa di mio padre ho vissuto tutte queste storie sulla mia pelle fin da quando ero piccolo, e proprio per questo non ho mai avuto voglia di giocare allo spaccone.

Mi piace pensare che sono il primo rapper italiano ad aver prodotto la colonna sonora di una commedia italiana. Confrontarsi con registi, montatori e fonici, tutti miti del cinema italiano, è stata un'esperienza molto formativa. Il giorno della proiezione ufficiale alla Mostra del Cinema di Venezia ero con i The Ceasars, che avevano curato la parte musicale dei miei brani, e c'erano attori, maestranze, produttori eccetera. Pensavamo che saremmo stati l'ultima ruota del carro e invece ci sbagliavamo: mentre aspettavamo defilati cercando di avvistare il maggior numero possibile di star di Hollywood, ci hanno chiamato a sfilare sul red carpet, con tanto di fotografi e fan. Dopo un'esperienza del genere, tutto il resto sembra una sagra di paese con gli amici!

Quel giorno, sul tappeto rosso di Venezia, ho sentito che era un po' una mia rivincita: a scuola nessuno mi dava fiducia, eppure io non ho mai accettato quello che la vita mi aveva messo davanti. Nessuno è un perdente, tutti abbiamo una seconda possibilità. E a chi, come me, cerca questa seconda possibilità attraverso il rap, dico che nessuno deve sentirsi obbligato a ricalcare il cliché del rapper, quello che in una barra sì e una no usa termini offensivi.

Essere un rapper non significa usare un linguaggio violento e offensivo. Significa sapere che le parole non sono mai un puro esercizio di stile, anche quando non si agisce fisicamente, possono colpire. Non per forza si devono usare certe parole perché fa parte del personaggio, perché il personaggio sono io e sono tutti quei ragazzi che, forse, domani decideranno di fare rap. E siamo noi a decidere quali parole servono, e quanto pesano.

Willy Monteiro Duarte

Recentemente sto sperimentando molto con il rap a cappella concentrandomi sulle parole e la loro musicalità.

Quando ho pubblicato *Vivo per questo*, durante le presentazioni mi veniva chiesto di cantare anche dei brani del mio repertorio, ma appena facevo presente che per eseguirli al meglio avrei avuto bisogno di un impianto audio professionale si tiravano indietro. Le librerie non sempre sono predisposte per dei concerti, e la soluzione migliore era cantare le canzoni senza usare il beat.

All'inizio mi sentivo spogliato di una parte fondamentale della mia musica ma mi sbagliavo, e questa riflessione è frutto di una maturazione a livello personale che oggi mi permette di dare sfogo alla creatività senza dover seguire nessuna regola a livello stilistico. Con il beat o senza se oggi devo dire qualcosa non perdo tempo e vado dritto al punto, ma probabilmente se a vent'anni mi avessero proposto di rappare senza base per dare più risalto al contenuto del testo lo avrei vissuto come un "tradimento" nei confronti del rap.

A ottobre del 2020 Francesco Dobrovich, direttore creativo di Nufactory, mi ha chiamato per propormi di partecipare a Videocittà, una rassegna di spettacoli che spaziano dalla musica all'arte in cui la parte visuale viene valorizzata da proiezioni video futuristiche. Mi aveva chiesto se volevo fare un intervento in apertura della manifestazione, che si teneva nella cornice del laghetto dell'Eur, uno spazio riqualificato recentemente anche grazie al sostegno di realtà istituzionali legate al comune di Roma. Avrei dovuto fare da "open act" all'esibizione della cantautrice di origini iraniane Sevdaliza, era una bella opportunità e dovevo usarla al meglio.

Il focus di tutto l'evento era la non violenza, e Francesco mi chiese di trovare un modo per toccare il tema. Avevo carta bianca. Dopo un paio di giorni in cui ci siamo scambiati varie proposte sono arrivato al dunque proponendo un'esibizione in cui avrei letto una delle mie "poesie rap" a cappella.

Dopo il *George Floyd freestyle*, uscito a maggio, mi era rimasta in testa l'idea di scrivere delle barre senza usare la base.

Il 6 settembre a Colleferro avevano ucciso Willy Monteiro Duarte. La notizia dell'omicidio mi aveva toccato da vicino per tanti motivi. Sia per le sue origini e il movente razziale, che per la sua età, che è la stessa di Niccolò, e l'idea che un genitore possa rischiare di perdere per sempre suo figlio in un modo così barbaro mi tormentava da giorni e volevo trovare un modo per incanalare la mia rabbia. Avevo pensato di scrivere una strofa dedicata a Willy immaginando la città di Roma come una mamma che sta piangendo perché si trova davanti a un odio inimmaginabile che sta mettendo i suoi figli l'uno contro l'altro, quando invece dovremmo sentirci tutti fratelli che si supportano e amano come in qualsiasi famiglia. Mi sono ispirato a *Mamma Roma* di Pier Paolo Pasolini e già dal primo verso è chiara la direzione narrativa che volevo dare:

> Quando non respiro mamma Roma mi difende
> Dall'Eur al Casilino il suo abbraccio mi protegge
> Roma che accarezza risvegliando le coscienze
> E a tenerci insieme qui non è il colore della pelle.

Come avevo fatto in altre situazioni ho iniziato a giocare con parole e metafore cercando di ricreare l'atmosfera della città con le mie rime citando quartieri, cortili, e tutte quelle figure retoriche che riescono a trasmettere la "romanità" anche facendo leva sui luoghi comuni, senza tralasciare l'aspetto delle seconde generazioni e il razzismo, partendo sempre da esperienze personali:

Come una poesia l'eco di quei cortili
Rumore di bambini felici tra i cortili
E quando non respiro mamma Roma mi abbraccia
E se la nave affonda lei viene e mi salva. [...]
Sangue misto tra povero e ricco
L'Italia e l'Egitto, un amore meticcio
Alzati in piedi, non puoi più stare zitto
Il tuo silenzio difende il razzismo.

Arrivato alla fine della strofa, volevo chiudere citando Willy e omaggiando il suo gesto che lo renderà per sempre un'icona di quel coraggio e del valore dell'amicizia che lo hanno portato tristemente alla morte:

L'ho vissuto sulla pelle da sempre,
Gente diffidente che di me non sa niente,
Mamma Roma osserva, non giudica i suoi figli,
Leale con i suoi amici come ha fatto Willy.

Il giorno dell'evento mi sono trovato in una situazione tanto nuova quanto emozionante. Il palco era stato allestito su una piattaforma galleggiante, il pubblico stava sull'altra sponda e seguiva tutto lo show su dei mega schermi, e recitare questi versi senza cedere alla commozione non è stato facile ma con un bel po' di giorni di prove ce l'ho fatta ed è un bel ricordo che porterò sempre con me.

Radici

A giugno 2020 «Rolling Stone» dedica la copertina a Guè Pequeno. Lui, dipinto d'oro su un piedistallo su cui c'è scritto «Dittatore del rap», sta per essere tirato giù. La foto l'ha scattata Gabriele Micalizzi, un reporter di guerra (che infatti dice di aver scelto quella posa ispirandosi alla foto della statua di Ben Ali, il presidente-dittatore della Tunisia all'epoca delle primavere arabe nel 2011). Sono i giorni dell'attacco alle statue di personaggi razzisti e colonialisti. La rivoluzione del Black Lives Matter è un'onda di portata mondiale: a Londra si rimuove la statua di Robert Milligan, schiavista, in Belgio quella del re Leopoldo II, a Oxford, all'Oriel College, quella di Cecil Rhodes. La storia di Rhodes e della Rhodesia, lo Stato africano che ha preso il nome da lui, me l'ha insegnata la musica, la musica che sentiva mio padre. Nel 1979 le forze rivoluzionarie vinsero, e la Rhodesia divenne lo Zimbabwe. Quell'anno Bob Marley pubblica *Survival*, e dentro c'è una canzone che si intitola *Zimbabwe*, che i ribelli hanno usato come inno nazionale. A Milano la statua di Montanelli viene imbrattata con della vernice rosa e compaiono le scritte «razzista» e «stupratore».

L'autore dell'intervista comincia partendo proprio da lì: «In un contesto del genere, dove anche un movimento sacrosanto come quello del Black Lives Matter nelle mani sbagliate può diventare una sorta di neo-puritanesimo secolare, c'è bisogno di un riferimento a cui non tremi il polso. Guè è questo tipo di personaggio [...]».

A quella copertina, e all'intervista a Guè Pequeno, Wissal risponde con un articolo su «Jacobin Italia» che si intitola *Non abbiamo bisogno di dittatori nel rap italiano*. Parla di un uso semplicistico del presente politico e dice che per parlare di Black Lives Matter avrebbero potuto scegliere un rapper nero, o che di razzismo ne sa qualcosa, e che non è accettabile parlare di Black Lives Matter escludendo dalla discussione chi vive il razzismo sulla propria pelle e ne fa una battaglia quotidiana. Riporta una frase di Guè Pequeno sul fatto che in Italia non ci sia spazio per rapper neri di successo:

> L'Italia è razzista, da sempre e per sempre. Io li conosco i rapper neri, e sono anche bravi, ma non sfondano. Il mercato italiano non è fatto da una base sociale coerente come in Francia o in Germania. Qui il mercato è una moda.

Alla quale risponde indirettamente con una mia frase presa da «Griot Magazine»:

> Se ti appropri di un genere musicale che fa parte di un movimento culturale che è nato dalle minoranze, oggi dovresti dare il tuo contributo a questa causa, a prescindere dalle tue origini; e non serve essere neri per capire che stanno lottando contro oppressione, discriminazioni e ingiustizie.

Sono contento che abbia scelto quella frase, perché è una cosa che mi sta a cuore, ne parlo nelle scuole e nelle interviste.

È una questione di rispetto. *Respect* è una parola che pesa nel "vocabolario hip hop". Il rap, e la sua storia, ti insegna ad avere molta attenzione nel rispettare le culture di cui si fa uso, le culture di provenienza. Quando ero negli Stati Uniti mi è capitato di far vedere dei videoclip di rapper italiani a degli afroamericani, e si sono stupiti del fatto che alcuni portassero le treccine. Per loro le treccine erano un'esigenza, per gli italiani sono solo un accessorio... Quando un comico deve fare uno sketch in cui prende in giro i rapper, molto probabilmente si farà le treccine o, ancora peggio, si dipingerà la faccia di nero. Negli Stati Uniti si chiama *cultural appropriation*. Ghali ha preso posizione contro una trasmissione in cui un attore, per imitarlo, ha fatto *blackface*, ossia si è dipinto la faccia di nero.

> Non c'è bisogno di fare il blackface per imitare me o altri artisti. Potrete dire che esagero, che mi devo fare una risata e che non si vuole offendere nessuno, lo capisco. Ma per offendere qualcuno basta semplicemente essere ignoranti, non bisogna per forza essere cattivi o guidati dall'odio. Si può essere delle brave persone e non sapere che la storia del BLACKFACE va ben oltre un semplice make up, trucco o travestimento.

Il rap nasce da determinati luoghi, con i suoi usi e i suoi costumi, che possono essere assimilati e modellati nei vari luoghi in cui viene interpretato. Ma questi usi e costumi non possono e non devono essere stravolti.

In America la maggior parte dei rapper sono afroamericani e oggi stanno prendendo coscienza che la terra dove affondano le loro radici è l'Africa: penso a Nas, che ha una preparazione musicale non indifferente, essendo suo padre un jazzista. Però Nas è un caso a sé: *Illmatic*, il suo debutto del '94 è entrato nel catalogo della Library of Congress, la Biblioteca Nazionale degli Stati Uniti d'America, incastonata nel cuore di Washington, e finanzia una borsa di studio sulla storia dell'hip hop, e l'università di Harvard possiede un archivio musicale immenso, che da Mozart arriva per l'appunto ai rapper.

Uno dei riferimenti che abbiamo in Italia che si lega a questa realtà è Giuseppe Pipitone, conosciuto anche come U.Net, uno dei massimi esperti di cultura afroamericana e hip hop, oltre a essere un mio caro amico. Giuseppe, dopo aver pubblicato dei libri in cui ha approfondito vari temi legati alla storia dell'hip hop, ha vinto una borsa di studio grazie alla quale circa due anni fa ha vissuto un'esperienza fantastica: un soggiorno a Harvard di due mesi, tutto spesato dalla direzione della Nas Fellowship. Ha potuto così partecipare a lezioni dove personaggi per noi leggendari – come Fab Five Freddy, per citarne uno – salgono in cattedra. Non nascondo che è uno dei progetti futuri che ho messo in agenda. Prima o poi vorrei farlo anche io.

Nel ghetto americano promuovere l'Africa non è un dettaglio, e battersi per i diritti civili degli afroamericani è un tema che troviamo ogni giorno sulle news dai tempi di Marcus Garvey, un attivista importante che teorizzava il ritorno in Africa di tutti i neri del mondo. Quando sono andato a Harlem nel 2018, durante uno dei tour nelle università, ho avuto modo di visitare un parco a lui dedicato, e mi sono fatto una foto che è possibile vedere sul mio profilo Instagram. Sotto la foto ho messo una descrizione citando una sua frase in cui mi rispecchio molto:

> Il mondo intero ruota intorno a un inganno. Nessuna razza, nessun uomo ha il diritto divino di avvantaggiarsi sugli altri.

La lotta per il riconoscimento dei diritti degli afroamericani non si può slegare dalla cultura hip hop, cosa di cui dovrebbe essere cosciente ogni appassionato di questo movimento culturale.

In Italia viene da pensare alla contraddizione stridente del rap di alcuni gruppi legati a movimenti di estrema destra. Lì si utilizza un genere, il rap appunto, che nasce dall'afroamericanismo, e dunque dall'antirazzismo, per veicolare contenuti di segno completamente opposto. Ma bisogna conoscere e interpretare anche questi fenomeni, perché sono la testimonianza che il rap ha sviluppato un percorso non indifferente, quasi come avesse chiuso un cerchio. Quei gruppi sembrano dire "ci prendiamo pure il rap", facendo in realtà un ragionamento ben calcolato da un punto di vista comunicativo: visto che il rap è il genere musicale più ascoltato dai giovani, per far arrivare certi concetti uso quel mezzo.

Si tratta di sfruttare e stravolgere un messaggio per cercare di raggiungere altre persone, più persone possibili, anche quelle inizialmente più distanti dalle loro idee. In pratica stiamo parlando di una vera e propria appropriazione culturale. Ma noi dobbiamo vigilare, e quando dico noi intendo sia quelli che, come me, frequentano l'ambiente da più di vent'anni e ne conoscono la storia, sia quelli che se ne fanno portavoce. Poi ciascuno è libero di produrre la musica che vuole, ma senza mistificarne la provenienza. Mai dimenticare le radici...

Stile libero, freestyle

Quando si parla di musica rap non ci si può fermare all'ascolto di un solo autore, di una sola canzone, e pensare di aver capito il genere. Sarebbe come andare a vedere un film horror e pensare che quello sia il cinema. Per fare qualche esempio, esiste il gangsta rap, il conscious rap, il crossover rap, il gospel-rap (di cui non c'è ancora un autore in italiano, mentre negli Usa spopola), l'horrorcore rap (pensiamo a Metal Carter e al Truceklan) e molte altre forme possibili.

Questo discorso delle varie sfumature esiste anche oggi per la trap, anche se è meno incisivo perché i cambiamenti sono molto più veloci del passato e nel momento in cui qualche artista aggiunge un nuovo elemento a qualcosa di già esistente, cercando di creare un sound nuovo, contemporaneamente altri stanno innovando in una direzione diversa, creando così un effetto rincorsa in cui vince chi arriva prima degli altri. Va anche detto che oggi la fluidità ha battuto l'etichetta. La società è fluida, il guardaroba è fluido, la sessualità è fluida e succede ugualmente per la musica.

Anche oggi possiamo menzionare alcune forme ibride come la afrotrap, in cui ad esempio si aggiungono elementi di musica tradizionale africana alla trap, o la vaporwave, che ha dei suoni cosiddetti "vaporosi", e lo stesso rapper può navigare con la stessa nave in tanti mari.

E la miglior scuola di rime è il freestyle, una tecnica che consiste nell'improvvisare seguendo uno schema o in libertà, su una base musicale o a cappella, senza niente di scritto davanti. Il freestyle è una palestra dove cominci a farti il fiato, e non è solo una metafora, perché non si può rimanere senz'aria a metà di una rima. E per fare le rime devi avere le parole... Più parole si conoscono, più diventa semplice. Parti da una parola chiave, e da lì devi costruire in velocità. E logica, perché una regola non scritta è che quello che dici deve avere senso.

È come giocare a un videogioco. Ci sono i livelli e c'è il tempo. Ogni barra che riesci a chiudere ti fa salire di un livello, e devi ridurre il più possibile il tempo che ti serve per farlo. La sfida è sicuramente uno stimolo maggiore per dedicarsi a questa forma d'arte legata al rap, difatti esiste da sempre un circuito di "freestyle battle" storiche in Italia, eventi come il 2theBeat, Tecniche Perfette o Fight Club, Mic Tyson, eccetera.

Spesso molti dei rapper che oggi hanno un posto tra i piani alti della scena rap si sono fatti conoscere partecipando a queste sfide. Per esempio prendiamo Emis Killa vs Ensi freestyle @magazzini generali – Milano – 2012.

Ensi:
Romanzo criminale a Milano, tira su la mano
Senti benissimo un terrone quanto è che vale
Alza quelle mani se anche tu sei meridionale
Se non sei terrone, ma diversamente
settentrionale.

Emis Killa:
C'è Killa con il freesta che porta questa storia
Sai già come funziona, tengo le rime a memoria
Emis con il freesta, la dedico ai miei zii
A Vimercate dicevano: Che spacchio talìì.

Saper incastrare i pezzi così, tenendo insieme rima e senso, con un occhio al presente e ironia è una skill preziosissima. Certo, per chi ha una predisposizione è più semplice, ma il freestyle è una bella scuola per tutti. Una scuola dove qualcuno, di tanto in tanto, si diverte a tornare. Emis Killa, Nitro, Clementino, Fred De Palma, ad esempio sono tutti rapper che scalano le classifiche con le loro canzoni ascoltate da migliaia di ragazzi ma restano dei fuoriclasse nell'improvvisazione e non si tirano indietro ancora oggi quando gli viene proposto di farlo.

Il freestyle ha un aspetto che mi piace, che a volte è fatto per il piacere di farlo, non per uno scopo. A volte i freestyle durano il tempo della loro composizione, non vengono poi pubblicati, non diventano poi pezzi. Arte per arte. E su internet ho trovato una definizione che mi piace, che porta il rap in un'epoca lontanissima:

Rap: molti credono che Rap sia l'acronimo di Rythm And Poetry. Per quanto quest'etimologia risulti calzante è difficile che sia veritiera. In inglese letteralmente "to rap" significa colpire qualcosa d'improvviso, ma già nel 1300 in Gran Bretagna questo verbo veniva utilizzato in maniera colloquiale con il significato di "chiacchierare, parlare, raccontare una storia". Quindi chi fa Rap, il rapper, è semplicemente un cantastorie, o, meglio, un parla-storie.

Questione di tempo

Uno-due-uno-due check prova
Salgo sul palco e recito la mia vita a memoria
Senza tagli, senza slow, tutto vero
Giro a testa alta nel jet set ribelle sporco e fiero.

Ho scritto questo pezzo nel 2015, e mi ci ritrovo ancora, anche nelle ultime tre parole, anche se oggi un po' mi fanno sorridere, il ribelle sporco e fiero che sono oggi a quarant'anni passa i pomeriggi a scrivere racconti o a leggere poesie.

Mi ci ritrovo ancora perché oggi anche il rap prende velocità, come il freestyle. Si scrive in presa diretta, non esattamente un'improvvisazione, ma certo si sono ristretti i tempi tra scrittura ed esecuzione. Quando ho cominciato il metodo era diverso: ho ancora scatole di fogli su cui scrivevo le rime, si scriveva, si mettevano da parte e si accumulavano i pezzi e poi, quando ce n'era un numero sufficiente, si fissava uno studio di registrazione. Tra la scrittura e l'esecuzione potevano passare dei giorni, delle settimane, e in quel tempo i fogli entravano e uscivano dal cassetto, la rima cambiava suono, quella parola che ieri mi sembrava giusta oggi mi sembra piatta e, come nel domino, cambi una cosa e a cascata cambi le tre barre a seguire.

A gennaio 2021 sono tornato in studio per registrare una strofa che andrà nel disco di un rapper che si chiama Big Dega. Lui è di origine pugliese ed è tra i tanti giovani italiani emigrati che si sono trasferiti all'estero in cerca di lavoro. Oggi vive a Bruxelles. Come faccio da sempre ho prenotato un paio di ore di registrazione, che è il tempo minimo necessario per fare un buon lavoro senza andare di fretta. Da qualche mese sono tornato a vivere a Torpignattara e lo studio in cui devo andare si trova nel quartiere di Casalbertone, che è circa mezz'ora a piedi tirando dritti per via Acqua Bullicante.

È durante il tragitto a piedi che ho scritto la mia strofa. Camminavo, mi fermavo ogni tanto per appuntarmi una nuova barra sul cellulare, altro pezzo di strada, altra barra, e così fino allo studio. Non lo faccio per disorganizzazione, è che quello è il modo migliore per me di fare le cose. Non troverei la stessa ispirazione stando seduto alla scrivania. La strada, il traffico, gli sguardi delle persone, i passi, i posti che attraverso sono tutti elementi che mi ispirano e hanno da sempre aiutato la mia creatività.

Va detto che non esiste un regola scritta su un "manuale di rap" e ogni rapper fa per conto suo, soprattutto in base alla sua sensibilità e anche al posto in cui vive. Quando ho iniziato da ragazzino a scrivere rime non avevo una stanza in casa tutta per me, dove stare da solo a fare musica, quindi cercavo per strada un luogo tranquillo. È da questa necessità che nasce il mio stile di scrittura.

Arrivo in studio ed è già tutto pronto nella sala regia, il microfono è già caldo e aspetta solamente di fare il suo lavoro.

Gli studi di registrazione si somigliano un po' tutti. Su YouTube digitando "studio session" seguito dal nome di un rapper specifico, potete vedere tanti video in cui personaggi come: Kendrick Lamar, Pharrell Williams, 50 Cent, Snoop Dogg eccetera sono intenti nella lavorazione di un brano. C'è una sala abbastanza grande in cui c'è il mixer, ci sono i compressori, le casse monitor e tutta la strumentazione necessaria per la lavorazione del brano a livello di ascolto e mixaggio. Lì si svolge la fase fondamentale per la buona riuscita della canzone: mettere tutti i suoni della base e della voce in ordine in modo che si sentano bene le parole e allo stesso tempo far "pompare" il beat. Per registrare la voce invece si usa una saletta più piccola dove c'è solo il microfono: deve essere ben insonorizzata per contenere al meglio la voce e non permettere al microfono di registrare rumori provenienti dall'esterno. Questa è una situazione professionale, ma oggi l'evoluzione tecnologica consente ai grandi rapper di avere degli home studio dove registrare i pezzi in libertà, dove possono decidere quando e quanto far durare la fase creativa, e "finalizzare" le registrazioni in uno studio professionale. E permette anche ai ragazzi di costruirsi un home studio nella loro cameretta, basta un computer da qualche centinaio di euro, una scheda audio e un microfono. Anche questa è la forza del rap: essere alla portata di tutti.

Non servono strumenti musicali, non servono sistemi troppo sofisticati: servono le parole.

Un laboratorio aperto a tutti

Essermi interessato ai temi sociali e in particolare a quelli della cittadinanza mi ha portato a vivere situazioni in cui a volte mi sono dovuto dividere tra il personaggio da rapper di strada e quello di attivista dei diritti delle minoranze, e le due cose non sono andate sempre di pari passo, soprattutto a livello estetico. Quando mi invitavano alla Camera dei deputati per discutere di ius soli certo non potevo andarci con il mio cappello da baseball della "New Era"... quindi finivo sempre per farmi prestare da qualche amico un vestito elegante con tanto di cravatta per non sfigurare davanti a nessuno.

Il 19 febbraio del 2015 sono stato invitato alla Camera dei deputati come "ambasciatore di Arezzo Wave Ius Soli" insieme alla mia amica rapper Karima, nominata governatrice di Arezzo Wave Ius Soli, e Mauro Valenti, presidente della Fondazione Arezzo Wave Italia. Avevamo chiesto un incontro con il primo ministro Matteo Renzi per sollecitare l'approvazione della legge sullo ius soli. Ma la giornata non finiva lì...

Superman rap

> 19 febbraio 2015, ore 11:30, Palazzo Montecitorio, Camera dei Deputati. Ha inizio la conferenza stampa "Arezzo Wave Ius Soli 2015".
> Con Mauro Valenti (presidente della Fondazione Arezzo Wave Italia), Marco Donati (deputato, Partito Democratico), Annie Gehnyei (cantante), Amir Issaa (cantante).

È il gran giorno. Arezzo Wave, un festival musicale attento alle tematiche dell'uguaglianza che aveva promosso un concorso musicale per artisti di seconda generazione, mi aveva nominato ambasciatore. Mauro Valenti, presidente della Fondazione Arezzo Wave, Karima 2G e io saremmo andati "in delegazione" alla Camera dei deputati per una conferenza stampa in cui avremmo letto la nostra lettera aperta al presidente del Consiglio Matteo Renzi, che si chiudeva con l'auspicio che per giugno di quell'anno la legge fosse approvata.

Arrivo puntuale, abito nero e camicia grigia, sono stato dal barbiere, sono perfetto. Anche Karima è elegantissima. Alla conferenza stampa c'è tanta gente, ci sono i giornalisti e Radio Radicale registra il nostro intervento. Quell'edizione speciale di Arezzo Wave Ius Soli era un progetto importante che avrebbe avuto un impatto forte sulla società, e noi eravamo orgogliosi di fare la nostra parte. Ma la politica si è rivelata infrangibile, come il vetro speciale, come l'acciaio, visto che ancora oggi, mentre scrivo, la legge sulla cittadinanza per i ragazzi nati qui da genitori stranieri è in discussione. In quel periodo avevo già iniziato a lavorare con i laboratori di scrittura e il caso ha voluto che quell'intervento alla Camera fosse stato fissato lo stesso giorno in cui avevo organizzato un laboratorio pomeridiano al Centro Astalli.

Non potevo presentarmi col vestito della mattina, altrimenti i partecipanti più che per un rapper mi avrebbero scambiato per un giornalista o un politico. Al tempo bruciava ancora forte dentro di me il fuoco del rap, e pensavo che si dovesse vedere anche da fuori per dare ancora più senso alla mia musica, come se persino l'abito dovesse andare a tempo sul beat. Dovevo trovare una soluzione e allora avevo pensato di portarmi dietro un cambio di vestiti che mi permettesse di muovermi da un luogo all'altro senza dover passare da casa. Mi sentivo una sorta di *Superman de' noantri*, e invece di usare una cabina del telefono per cambiarmi, mi sono chiuso nel bagno di un bar nei pressi di piazza Montecitorio. Ricordo bene lo sguardo sbalordito del barista che mi vide entrare nel locale in un completo nero e uscirne in tuta.

Nel giro di pochi minuti potevo trasformarmi da ospite invitato alla Camera dei deputati per sostenere la causa delle seconde generazioni a rapper, e ho imparato che in alcune situazioni può esserti di aiuto anche vestire in modo diverso dal solito, se questo è necessario per avere credibilità e per raggiungere un obiettivo. Quel giorno rimarrà scolpito nella mia memoria perché ho capito che l'importante è essere consapevoli del nostro valore e di quello che abbiamo da dare agli altri: non è un pantalone largo o un vestito elegante a dire chi siamo.

Monopoly Casella 1: San Basilio

San Basilio è il trentesimo quartiere di Roma, indicato con Q. XXX. Si trova nell'area nord-est della città, a ridosso e internamente al Grande Raccordo Anulare.

Il mio percorso con il rap non è partito esattamente dalla scuola, ma dalle case occupate di San Basilio, uno dei quartieri difficili della Capitale. Nomentana alta, periferia nord di Roma, a un passo dal Raccordo Anulare. Nel febbraio del 2008 la cooperativa sociale "ABC Centro ricreativo Lupo Alberto" mi chiama per fare un laboratorio di rap. Mi hanno proposto una retribuzione per insegnare qualcosa che so fare. Quel giorno mi sono sentito ricco e ho deciso di togliermi la catena d'oro di mio padre, perché non ne avevo più bisogno.

Ho ancora il volantino. Un foglio A3 che ho conservato per tutti questi anni e che ho ritrovato proprio mentre stavo facendo il trasloco. Sotto i loghi del Centro ricreativo, della Casa delle Associazioni (un centro costituito da uno spazio fisico/architettonico dove possono trovare casa, appunto, varie forme d'arte) e del V municipio, scritto tutto maiuscolo:

LUNEDÌ 25 FEBBRAIO GRANDE EVENTO!
PRIMA LEZIONE DI PRESENTAZIONE DEL CORSO
DI RAP IN COMPAGNIA DEL FAMOSO CANTANTE
AMIR
IN VIA LUIGI GIGLIOTTI 168
IL CORSO SARÀ INTERAMENTE GRATUITO!!!

RIVOLTO A TUTTI I RAGAZZI DELLE SCUOLE MEDIE
IL CORSO AVRÀ INIZIO LUNEDÌ 3 MARZO DALLE 16:30 ALLE 18:30
ISCRIZIONI IN SEDE
VI ASPETTIAMO NUMEROSI

Tre volte a settimana, nei pomeriggi dopo la scuola, incontravo questi ragazzi in uno spazio solitamente utilizzato per le riunioni di condominio dei "palazzoni". Erano quasi tutti ragazzi complicati, segnalati ai servizi sociali, soprattutto per dispersione scolastica. Erano quasi tutti figli di detenuti, come me, e già questo aspetto fungeva da apripista. Mi bastava rappare la prima strofa di *5 del mattino* per innescare immediatamente un'atmosfera familiare. Avevo trent'anni, loro ne avevano quindici o sedici ma quando sei cresciuto in certi contesti e in certe situazioni ci metti poco a riconoscere chi è un tuo simile, e io per loro ero come un fratello maggiore che un pochino ce l'aveva fatta, e che ce l'aveva fatta usando il potere delle parole. Sapevo quali esempi dovevo fare, perché fossero calzanti, calzanti con la loro vita: se dici che le parole, lo studio, ti serviranno per trovare un lavoro, in una scuola nel cuore di San Basilio non sfondi. Se invece dici che quando ti ferma la polizia se sai usare le parole magari hai qualche possibilità in più di salvarti, allora vedi che cominciano a drizzare le antenne...

Durante l'ultimo tour a New York nel 2019 ho voluto fare il "pellegrinaggio" al famoso palazzo di dj Kool Herc dove è nata la cultura hip hop, e per l'occasione ho chiamato a raccolta alcuni amici italiani che vivono lì e altri che casualmente si trovavano in città. Eravamo io, il mio manager Flavio Zocchi, Alberto "Polo" che è un membro del noto gruppo rap La Famiglia che vive a New York da tantissimi anni, la regista Daniela "Zoe" Croci, Giuseppe "U.Net" Pipitone, che in quei giorni si trovava a Harvard e si è fatto tre ore di bus partendo da Boston per venirmi a trovare, e Enrico Rassu, un giovane e talentuoso fotografo che ha seguito tutto il mio tour scattando delle immagini con la sua reflex analogica e catturando i momenti più significativi di quel viaggio. Sempre perché quando vado all'estero ho la mia "famiglia hip hop" su cui posso contare.

Il palazzo di Kool Herc si trova nel Bronx, al 1520 di Sedgwick Avenue (che nel 2016 il sindaco di New York Bill de Blasio ha rinominato anche Hip Hop Boulevard), dove secondo la leggenda del rap tutto ebbe inizio, ho cominciato a pensare concretamente a un progetto, un laboratorio educativo musicale per gli studenti delle superiori...

E qualche mese fa – ma quanti anni sono passati, dieci? – mi è arrivato questo messaggio, da uno dei ragazzi di quei primi laboratori.

> Grande Amir! Mi ricordo come una volta venisti alle mie scuole medie a San Basilio (Federico Fellini) e ci parlasti di questa cultura, di quanto possa aiutare e di come sia d'aiuto per noi giovani. Ci chiedesti di scrivere un testo sul momento e di riproporlo davanti a tutti, io lo feci e lo feci leggere a te dato che ero troppo timido ah ah ah ah. È stato il momento in cui capii che questa era la

mia strada, difatti la musica e la scrittura sono diventati parti fondamentali della mia vita fino ad adesso. Ti volevo ringraziare per quello che hai fatto, anche se ci siamo visti per due orette massimo mi hai dato la carica per iniziare un percorso durato anni e che durerà ancora. Ti ammiro davvero tanto, anche perché non hai mai smesso di fare da portavoce ad una cultura meravigliosa, cercando di far capire a tutti la vera potenzialità che c'è dietro. Grazie e davvero buona fortuna continua così.

Potere alle parole

Nasce così *Potere alle Parole. Beat e rime contro le discriminazioni*, al plurale, un progetto di laboratori educativi e musicali per contrastare le discriminazioni attraverso la cultura hip hop e la forza comunicativa del rap, che ho ideato con l'Associazione «Il Razzismo è una brutta storia», costola di Feltrinelli che lavora nelle scuole, e UNAR – Ufficio Nazionale Antidiscriminazioni Razziali.

Ho sempre avuto una particolare sensibilità all'argomento e poter collaborare con l'organizzazione più importante a livello istituzionale che si occupa di razzismo l'ho vissuto come una "missione". Quando andavo a scuola non esistevano iniziative di questo tipo in Italia, ed è comprensibile, perché i ragazzi di seconda generazione come me erano pochi. In quegli anni ancora non si affrontava la questione, la si minimizzava, con tutte le conseguenze negative che hanno subito i figli degli immigrati cresciuti tra la fine degli anni Settanta e l'inizio del Duemila.

Ne sono un ottimo esempio alcune rime che canta Neffa, all'epoca membro dei Sangue Misto, nella canzone *Lo Straniero* del 1994:

> Io quando andavo a scuola da bambino
> La gente nella classe mi chiamava marocchino
> Terrone, "Muto! Torna un po' da dove sei venuto!"
> E questa è la prima roba che ho imparato in assoluto.

La proposta mi era arrivata da Paola Di Lazzaro, una mia coetanea che lavorava con Unar, che avevo conosciuto frequentando il circuito delle associazioni romane che si danno da fare per aiutare le comunità straniere e i loro figli nati qui. «Il rap è lo strumento più vicino ai giovani. Vogliamo comunicare col loro linguaggio, i ragazzi parteciperanno ai laboratori perché ci sono i loro rapper preferiti e si troveranno giocoforza coinvolti a riflettere su temi come omofobia, razzismo e discriminazioni senza alcun tipo di filtro.»

Le parole di Paola mi piacevano. Mi sentivo pronto a far parlare i ragazzi di quelli che sono i temi centrali della loro vita non nella maniera tradizionale, ma spingendo sulla loro creatività, facendoli esprimere con il rap, uno strumento che conoscono e usano, fino a portarli a comporre il brano che avrebbe fatto da colonna sonora alla «Settimana contro il razzismo».

L'idea centrale del progetto era scardinare gli stereotipi e i pregiudizi alla base delle discriminazioni (per etnia, orientamento sessuale, identità di genere, convinzioni personali, disabilità) con il rap, partendo da parole chiave legate a questi temi, i ragazzi avrebbero imparato le tecniche di scrittura e gli elementi tecnico/espressivi della composizione musicale rap. Funziona così: noi rapper spieghiamo come si fa, gli studenti ci mettono tutto il resto.

Mi è stato chiesto di coinvolgere e coordinare altri rapper, che ho scelto in base alle parole, per l'appunto, cioè chi avesse più cura delle parole, perché far entrare qualcuno nelle scuole è sempre una bella responsabilità e la mia scelta è ricaduta su dei nomi che hanno sempre avuto una certa sensibilità, e alla fine la crew era la seguente: io, Ghemon, Kiave, MadBuddy e Mistaman.

Il rap offre anche esempi poco edificanti, si sa, io ho un figlio e so che i genitori devono porsi il problema di cosa ascoltano i figli: quando ascolto rap americano, so che una parte dei testi non sarebbero adatti a un adolescente, e va spiegato ai ragazzi che non devono prendere i rapper come modelli di vita, quella è "solo" musica, i loro modelli devono essere i genitori, gli adulti che nella loro vita hanno un ruolo reale, costruttivo. I rapper sono come gli attori, come i registi. Quando vedi un film di Tarantino, mica credi che Uma Thurman la notte vada in giro a sgozzare persone. Lo stesso ragionamento vale per i rapper: non si deve pensare che tutto quello che dicono sia vero. Io ho sempre specificato che quando scrivo parlo della mia vita; altri possono raccontare cose crude o violente, ma è arte.

Il rap è un'esca per i ragazzi, che spesso associano la lettura allo studio, a qualcosa di imposto. Il progetto serve per parlare di ogni tipo di discriminazione, lavorando sulle parole, perché le parole hanno un peso e possono ferire. Le parole sono lo strumento giusto, e se le sai usare puoi essere davvero libero. Lo so che se vado in una scuola e spiego perché è sbagliato usare parole come "negro" o "frocio", i ragazzi mi ascoltano più degli insegnanti.

Qualche mese fa ho letto un'intervista a Capo Plaza, in occasione del disco in uscita. Raccontava della sua storia di ragazzo cresciuto in strada, che saltava la scuola per ascoltare la musica, che ha avuto qualche piccolo problema con la legge, poca cosa. E chiudeva dicendo una cosa tipo «Se non le dico io queste cose a chi mi ascolta, specie i più giovani, chi le dice?».

Ecco, questo intendo quando dico che i ragazzi ascoltano di più qualcuno che è già nella loro testa, e nella loro playlist. Si fidano. Conoscono le sue parole, e si fidano.

Torna alla casella di partenza, San Basilio

Con *Potere alle parole* abbiamo fatto una serie di incontri, compreso un workshop musicale alla Scuola Holden di Torino, un laboratorio aperto ai ragazzi del quartiere Borgo Dora. Per tre pomeriggi abbiamo (non ero solo, con me c'era Kiave) usato le rime, la tecnica vocale, l'andamento sul tempo musicale, qualche riferimento alla storia del rap.

All'ultimo incontro i ragazzi si sono sfidati in un contest di freestyle lasciandosi giudicare dalla formidabile giuria formata dai compagni.

Con quel progetto sono tornato anche a San Basilio, proprio dove avevo fatto i miei primi incontri con gli studenti. Ma questa volta vado al Von Neumann, un istituto di istruzione secondaria superiore.

> L'Istituto intende formare giovani cittadini responsabili, rispettosi del prossimo, culturalmente curiosi, capaci di mettere a frutto la propria creatività tramite le competenze progettuali legate al problem solving e aperti verso le nuove tecnologie. Persone che, oltre alle competenze disciplinari specifiche, possiedano un metodo di lavoro spendibile con profitto in contesti diversi. Persone che comprendano l'importanza di investire continuamente nella propria formazione ed abbiano gli strumenti culturali e metodologici per farlo, con lo scopo di dare il proprio fattivo e consapevole contributo alla società di cui fanno parte.

Gabriella Greyson, una scrittrice e giornalista, mi ha chiesto di assistere al laboratorio perché vuole raccontare la lezione per «Vanity Fair». Passo a prenderla e andiamo con il mio motorino.

È stato bello tornare e ritrovare tra gli studenti alcuni ragazzi delle case occupate. Dopo un primo giro di presentazioni l'emozione passa e comincia la lezioni di rap. Una lezione vera.

Parlo in maniera diretta agli studenti, perché il rap è diretto.

Spiego come si fanno le rime, che le parolacce nel rap si mettono nel punto in cui servono e basta. Spiego che le cose che si vedono nei videoclip non sempre sono la realtà. Spiego che quando inizieranno a rappare, devono metterci dentro la loro personalità e le loro esperienze, la loro rabbia, e quello che vogliono gridare.

A volte i ragazzi non si raccontano perché hanno paura del giudizio degli altri, a volte persino di quello degli amici, dei compagni. Se parlo di soldi, di carcere, di droga è perché sono cose che conosco e ne parlo per come le conosco.

Questa seconda parte della frase voglio che la capiscano bene, in questo quartiere alcuni di loro conoscono la mia storia, ma la racconto un'altra volta, per gli smemorati. Parlo della mia famiglia, di mio padre, della sua tossicodipendenza, della polizia a casa in piena notte: belle scene nei film, o in terza persona, ma se hai quindici anni no. Se hai quindici anni fa paura e fa schifo.

Lezione finita, adesso tocca a loro. Hanno davanti un po' di settimane in cui devono scegliere di cosa vogliono parlare, scegliere le parole, comporre le rime.

Qualche settimana dopo cominciano ad arrivare i testi. E il risultato è quello che pensavo: spettacolare. Qualcuno potrebbe dire inaspettato, ma sarebbe ingiusto verso i ragazzi, che ne hanno di cose da dire, e verso chi li giudica, che ne ha di cose da imparare. Qualche volta quello che serve è la pazienza di ascoltare.

I ragazzi hanno una gran voglia di cambiare le cose, hanno voglia di uscire dalla loro realtà, a maggior ragione se vivono in zone di periferia. E io voglio riuscire a fargli capire che i loro problemi, i conflitti che vivono, essere un po' più grasso, avere la pelle un po' più scura, pregare un dio o un altro, non sono il mondo. Gli dico che il mondo non è la loro pelle, il loro fisico, le loro scelte religiose, sessuali, politiche, non è il quartiere dove vivono, la piazzetta e il gruppo di cui vogliono far parte. Spesso i conflitti nascono proprio perché si vuole far parte di un gruppo, un gruppo che a volte vuole escludere qualcuno. Ma «l'odio chiama l'odio», mi permetto una citazione da uno dei film più belli di sempre, uscito quando molti di loro non erano nati, 1995, *L'odio* di Mathieu Kassovitz.

Il mondo è fuori, dico sempre ai ragazzi e poi aggiungo che, appena avranno la possibilità di farlo, devono viaggiare, spostarsi perché cambiare punto di visione ci farà sembrare quello che ci tiene bloccati più piccolo, sempre più piccolo, più lontano, alle nostre spalle. Entro anch'io nel gruppo di quelli "bloccati" da qualcosa. La periferia, la situazione familiare che vivevo, la voglia di essere come tutti, come quelli che piacevano a me, sono stati i miei "blocchi" fino a quando ho trovato la strada per uscire dall'angolo in un modo pulito, con il writing, con il rap, con i viaggi nelle scuole, prima in Italia e poi in America. E dopo l'America davvero quei blocchi li ho sentiti più lontani e più piccoli. Guardarmi da lì mi ha fatto capire molte cose.

Uno dei testi che sono arrivati ha dentro qualcosa in più, ha una freschezza e una spontaneità che lo staccano dagli altri, e lo rendono vincente. E infatti vince. Per incentivare i ragazzi nella scrittura improvviso un contest tra gli studenti mettendo in palio l'opportunità di venire con me a Milano, ospiti del programma televisivo «The Flow» che andava in onda su Deejay TV, e va a finire che a essere intervistati parlando di questo laboratorio ci siamo io e Daniele, uno degli studenti del Neumann, uno di quelli della lezione. «Ecco il mio prof rapper. L'avevo sentito in concerto e quando l'ho visto entrare nella mia classe mi sono sentito proprio fortunato, che tra tante scuole lui fosse venuto proprio nella nostra» dice. Daniele oggi è Radical, uno dei nomi più in voga tra i rapper della nuova generazione.

Casella 2: Centro Astalli

Il Centro Astalli è la sede italiana del Servizio dei Gesuiti per i Rifugiati-JRS. Da circa 40 anni si impegna in attività e servizi che hanno l'obiettivo di accompagnare, servire e difendere i diritti di chi arriva in Italia in fuga da guerre e violenze, non di rado anche dalla tortura. La Fondazione Centro Astalli, nata nel 2000, ha come obiettivo principale quello di contribuire a promuovere una cultura dell'accoglienza e della solidarietà.

Il Centro Astalli accoglie i rifugiati che arrivano da ogni parte del mondo. Non è una scuola, è frequentato da persone di tante nazionalità e di età variabile, la sede è in pieno centro a Roma, in un palazzo ottocentesco alle spalle di Piazza Venezia, a poche centinaia di metri dal balcone da cui si affacciava

Benito Mussolini per i suoi comizi. Vedi l'ironia della sorte.

Con Francesca Cuomo e Bernadette Fraioli, responsabili del progetto "Focus Musica" che si svolgeva in diverse scuole romane, abbiamo progettato un incontro mirato all'intrattenimento culturale che sarebbe dovuto durare circa tre mesi, con due appuntamenti settimanali. Non avevo idea di quanto la musica rap potesse essere interessante per ragazze e ragazzi, uomini e donne – perché alcuni di loro avevano anche più di cinquant'anni – che spesso arrivavano qui da situazioni difficili, costretti a scappare da fame e guerre.

Ma veramente qualcuno di loro aveva l'ambizione di diventare rapper? Nessuno, credo, a parte qualche ragazza o ragazzo, quelli più giovani, che erano affascinati soprattutto dai videoclip di rapper con macchine lussuose, gioielli, bei vestiti che fanno da scenografia.

Il Centro aveva pubblicizzato sui suoi canali il progetto come "corso di rap" e già dal primo incontro era chiaro che qualcosa non andava.

Però, quando ho raccontato la mia storia, qualcosa è cambiato. Avere un nome e un cognome "stranieri" può aiutare.

Ecco la stranezza, che basta cambiare punto di vista e quello che altrove è uno svantaggio qui diventa un punto a tuo favore: non mi chiamo Mario Rossi – anche se sono italiano – e qui essere figlio di un immigrato, invece di ostacolarmi, è la giusta chiave di accesso.

Per rompere il ghiaccio mi sono messo a cantare le canzoni in cui tratto i temi dell'immigrazione, che sono ormai strumento didattico del mio lavoro: *La mia pelle* e *Straniero nella mia nazione* sono come un biglietto da visita, arrivano dritti al punto in tre minuti e sono più efficaci di una biografia.

Per coinvolgerli, perché è complicato chiedere di raccontarmi le loro vite o il posto da cui sono arrivati se non c'è una lingua comune che ci permette di dialogare, ho inventato un gioco che consiste nel digitare nella casella di ricerca su YouTube la parola "rap" seguita dal loro Paese di provenienza. Scoprire che esiste rap dal Kazakistan o dal Venezuela li ha incuriositi, ma dopo una prima fase di entusiasmo durata circa un mese, la curiosità cominciava a cedere e lasciava spazio alla noia, vedevo sempre meno partecipazione soprattutto da parte dei più adulti. Il gioco non bastava più.

Ripensando alla mia esperienza personale e a quanto il rap mi aveva aiutato a imparare meglio la lingua italiana, ho proposto di modificare il progetto iniziale. Il segreto per renderlo più inclusivo era proporlo non come laboratorio musicale, cosa che avrebbe creato un po' di timore, non è detto che tutti abbiano competenze musicali, ma portarlo all'interno del percorso di alfabetizzazione che già facevano con alcuni docenti.

L'idea ha funzionato, e di lì a poco mi sono ritrovato una classe piena di persone interessate a imparare meglio l'italiano usando il rap per "giocare con le parole". A livello tecnico non sarebbe cambiato niente, e li avrei aiutati a scrivere dei testi, ma la percezione che avrebbero avuto soprattutto i più adulti era di andare in una scuola di italiano, e non in una scuola di rap.

Tutto questo mi ha fatto capire come l'alfabetizzazione possa passare anche attraverso questo tipo di linguaggio, e come il rap possa essere anche un metodo di insegnamento, che poi è quello che sto cercando di costruire in questi anni.

A Torre Maura, invece, al laboratorio organizzato con Save the Children, ho usato la parte musicale del rap. Lì ho lavorato con i bambini, e il rap era un momento di condivisione e di leggerezza. Nel 2014 Save the Children ha lanciato la campagna "Illuminiamo il futuro", aprendo nei quartieri difficili o nelle periferie di diverse città i "Punti Luce", luoghi dove i ragazzi tra i 6 e i 17 anni possono partecipare gratuitamente ad attività formative ed educative. Ci sono insegnanti che possono fare ore di sostegno allo studio, si organizzano laboratori artistici e musicali, si fa educazione alla lettura, si gioca e si può fare un po' di sport. Anche le famiglie possono appoggiarsi ai "Punti Luce" perché ci sono avvocati e psicologi che possono dare supporto a chi ne ha necessità.

Teatro e poesia

Disney+ ha da poco trasmesso *Hamilton*, il musical di maggior successo degli ultimi vent'anni. Nel 2008 Lin-Manuel Miranda, attore, compositore, cantante, rapper statunitense legge la biografia di Alexander Hamilton, e scrive un rap che canta alla Serata della Poesia, Musica e della Parola Parlata alla Casa Bianca (esiste, giuro). Alexander Hamilton, emigrato dall'isola caraibica di Nevis, diventa uno dei padri fondatori degli Stati Uniti. Il musical è una storia di libertà, e i protagonisti sono gli immigrati che hanno creato gli USA. Per sottolineare quanto il sogno americano nasca dalle sofferenze di tanti popoli diversi, gli attori scelti per interpretare i padri fondatori sono neri. E anche la musica è nera: jazz, R&B, soul e rap. Sì c'è il rap: Lin-Manuel Miranda è cresciuto a New York negli anni '80, ed è di origini portoricane, era naturale per lui raccontare la vita di Hamilton come quella di un rapper cresciuto nel ghetto.

Nel 2017 a Genova mi hanno invitato al Suq, un festival che si fa al Porto Antico, dove trovano casa eventi legati alla scrittura, alla musica, al teatro, al cibo e anche all'artigianato. Suq, in arabo significa mercato. L'idea che mi ha portato lì era organizzare un laboratorio di rap con gli studenti dell'università.

Grazie a quell'esperienza scoprii che il teatro è un'arte in sintonia con il rap e non è molto lontano dal *recitar cantando*, lo stile di canto con cui, a inizio del XVII secolo, venivano composte le opere, quando si riteneva che le tragedie greche fossero cantate dai personaggi e dal coro.

Il nostro laboratorio è stato mettere in rap *Medea*, la tragedia greca di Euripide. È la storia di una donna che lascia suo padre e la sua casa per seguire l'uomo che ama, lui però la abbandona e lei per vendetta e disperazione uccide i suoi figli. Non conoscevo la tragedia ma avevo visto il film di Pasolini, con Maria Callas.

Con i ragazzi, che venivano da facoltà diverse, siamo partiti dall'idea che l'interpretazione rap avrebbe asciugato le dinamiche teatrali, i gesti della recitazione sarebbero stati in secondo piano rispetto alle parole. La ragazza che ha interpretato Medea era una ragazza di origine nordafricana, e ha interpretato la sua parte in arabo. La sua scelta di usare una lingua diversa da quella degli altri studenti-attori, diceva, serviva per sottolineare il senso di isolamento e di solitudine che Medea prova quando Giasone la lascia per un'altra donna. La lingua, che è uno straordinario mezzo di inclusione, può essere anche un muro che esclude, che taglia fuori: non conoscere la lingua del posto dove si arriva è una sensazione spiazzante, è più di un disagio, è un vero isolamento. Un isolamento che ho visto qualche volta nei laboratori che faccio in carcere.

A giugno del 2020, in pieno post-lockdown l'Associazione Lai-momo di Bologna mi ha proposto di collaborare come docente a un laboratorio di poesia che avevano già programmato con Gassid Mohammed. Gassid è uno scrittore e traduttore che ha più o meno la mia età, nato a Baghdad, in Iraq, che oggi insegna lingua e letteratura araba all'università di Bologna e allo Iulm di Milano.

Non è la prima volta che porto il rap in attività laboratoriali «interculturali», come quelle proposte da Lai-momo, in cui persone arrivate da poco in Italia lavorano insieme a chi invece vive qui da tempo, su un tema scelto e usando lo stesso strumento espressivo: immagine, fumetto, scrittura, sia racconto sia poesia.

I partecipanti, di età e provenienze diverse, in un incontro con Gassid avevano scritto delle poesie.

Io ho spiegato loro come trasformare quei versi in canzoni rap. «È solo grazie alla passione per il rap che sono riuscito a riscattarmi e a trovare una via di uscita per sfogare tutta la rabbia che avevo dentro. Io sono l'esempio di come questa musica può aiutarvi a esprimervi, e posso dire con orgoglio che mi ha cambiato la vita», così ho cominciato.

Siccome molti dei partecipanti non avevano mai avuto a che fare con il rap dico loro di concentrarsi sul suono delle parole e non pensare a come sono scritte, di scrivere soltanto ascoltando i suoni, e per farlo prendo due strofe da *Siamo liberi*, feat. Bassi Maestro, che mette insieme le due cose.

Facce da fantasmi con il cuore a comando
L'invidia qua li cambia è come un telecomando.

L'immediatezza di questo linguaggio si è manifestata istantaneamente e un'ora dopo avevo già alcuni testi. Donne e uomini, ragazze e ragazzi, tutti assieme stavano giocando con qualcosa che non conoscevano, passando dalla diffidenza iniziale a un coinvolgimento costruttivo in tempo zero.

Riscatto

Il rap è uno strumento narrativo libero che ha un denominatore comune che è il disagio, e il disagio è spesso la voce dello strato più basso della società.

Io il disagio un po' lo conosco. Per questo non mi sono mai tirato indietro quando mi hanno invitato a fare dei laboratori in carcere. Io il carcere un po' lo conosco, perché ci andavo a trovare mio padre.

Prima a Rebibbia, che sta sulla via Tiburtina, prima di San Basilio, nella periferia nord-est della città. Poi a Regina Coeli, il carcere cittadino dentro Trastevere. Il fiume lo separa dal liceo Virgilio, ma li unisce un ponte, e lì c'era la casa dove viveva la mia ex compagna, dove è cresciuto mio figlio. Quando andavo da loro i miei occhi andavano sempre al carcere.

Il mondo del carcere è un mondo strano. È un mondo che chi sta fuori non può capire. Può provare a immaginare la sofferenza, la violenza, la negazione dei diritti, le celle sovraffollate, l'ora d'aria, i colloqui. Lo immagina come lo vede nei film. Ed è tutto così, o un po' peggio.

Eppure non è solo questo. Il carcere non è solo lo spazio detentivo, come lo definisce il regolamento. Rebibbia ha circa 650 "stanze detentive", celle insomma, ma ha anche molto altro. È grande quanto un quartiere, una piccola cittadina.

> 1 campo sportivo, 1 teatro, 4 laboratori, 2 palestre, 3 officine, 2 biblioteche, 2 luoghi di culto, 1 mensa. 4 attività lavorative gestite da terzi, e 1 interna. 2 corsi di formazione lavoro, 9 attività culturali, 1 attività teatrale e 1 attività religiosa.

Nelle carceri ogni giorno c'è qualcosa da fare. Corsi di fotografia, di scrittura, di teatro, di cinema, di cucina, si fanno laboratori di sartoria, falegnameria. Ma nessuno lo sa perché le cose che succedono non lasciano tracce, non si possono documentare e postare sui social. Succedono e basta. Quando vado in carcere all'ingresso mi fanno lasciare tutto, proprio come nei film. Per fare musica la sola cosa che posso portare è un lettore MP3, che può riprodurre ma non registrare. Per fortuna che ne ho uno di quando ero ragazzino.

Per fare il rap basta poco. Rime, musica, e qualcosa da raccontare. Quando lavoro in carcere, incontro sempre persone che hanno tanto da dire e lo strumento delle rime in musica è un grandissimo aiuto per loro. Anche perché non possiamo usare altro. Una volta a Rebibbia avrei voluto organizzare un piccolo concerto, ma mi hanno incenerito quando ho chiesto un cavo. A Firenze invece ho scoperto che il carcere ha uno studio di registrazione, Sbarre Mic Check, dove si può davvero fare musica.

> @Amirissaa, 22 giu 2019
> La prima volta che esco da un #carcere con tutti questi dischi. Al #Gozzini di #Firenze grazie al progetto #sbarremiccheck si fa #rap e si registrano dischi. Grazie ancora. Anche questo è #HipHop!!

In ogni incontro ho cercato di fare meglio, di far partecipare tutti, anche quelli che sembravano disinteressati. Perché piano piano impari che il disinteresse può nascondere altro: qualcuno non parla l'italiano, qualcuno non sa scrivere, altri, quelli più grandi, semplicemente si vergognano. Ma io sono di coccio, e non mollo la presa.

Un ragazzo che aveva un bel senso del ritmo non parlava l'italiano: e che problema c'è? Scrivi le rime in arabo, gli ho detto. Un altro ragazzo guardava il foglio, si muoveva a tempo, ma non apriva la bocca, non sapeva leggere: e che problema c'è? Ti dico le tre parole del coro e tu le impari a memoria e le ripeti, va bene lo stesso.

Nessuno deve sentirsi escluso, e qui meno che altrove, perché sono già esclusi dalla vita quotidiana fatta di giorni uno diverso dall'altro. Nelle carceri minorili ho incontrato di tutto. Dal ragazzino di origine rom che è finito lì per un piccolo furto, all'adolescente italiano cresciuto in una situazione di disagio familiare che lo ha portato a commettere un reato per rompere la noia di una vita senza stimoli. Stessa cosa nelle carceri per adulti, dove trovi le differenze sociali: c'è il manager e c'è lo spacciatore ma con me sono tutti uguali, hanno solo carta e penna, e sono tutti allo stesso livello davanti a una cosa nuova come scrivere rime rap.

E poi è successo che al Gozzini si è avvicinato un ragazzo, mi dice che ha scritto una lettera aperta ma non ha modo di renderla pubblica. Mi chiede se posso metterla sui miei social.

So che ci sono delle regole, e che serve l'autorizzazione carceraria. Prima di uscire chiedo con chi devo parlare e cosa devo fare per ottenere questa autorizzazione. Mi indicano la persona, spiego la questione, mostro il foglio di carta con il testo che mi chiedono di pubblicare. Autorizzazione concessa, posso farlo.

È una lettera aperta ai rapper italiani, in cui i detenuti chiedono di non giocare con le parole, di non parlare di carcere, droga e criminalità come motivi di vanto, come stelle da appuntarsi sul petto. Per tutti loro quelle parole sono state la ragione della condanna, la fine di una vita libera, di una casa, di una famiglia, degli amici.

> Ciao a tutti. Spero che quando il concerto sarà finito e andrete via porterete con voi, oltre a un buon ricordo di questo evento e di noi #detenuti, anche un po' di consapevolezza di questa cultura chiamata #HipHop. La musica #Rap attraverso i testi è parte di noi e ci aiuta ad esprimere le emozioni con le rime. Mi dispiace vedere che buona parte dei rapper attuali lo fanno solamente per business o per moda, e parlano di cose che non hanno mai provato veramente sulla loro pelle. Quando li ascolto mi sembra di assistere all'omicidio e al funerale di questa arte di strada. Lo dico perché il rap, come molti sanno, è nato nel #ghetto ed era un modo per gli #Afroamericani di sfogarsi cantando il loro pessimo stato sociale, e di conseguenza frustrazione e rabbia diventavano musica. L'ultima cosa che ci tengo a precisare è che il Rap, che spesso in Italia non è capito da molte persone, è per molti di noi uno sfogo e un canale di comunicazione potente e costruttivo. Ad esempio mi ha aiutato a sfogarmi incanalando nei testi tutto il mio malessere e le angosce. Mi ha aiutato a riflettere su quello che ho fatto, e spero che con questa musica possa trasmettere le mie esperienze agli altri, con la speranza che ascoltandomi non facciano gli stessi errori. Grazie a tutti per l'attenzione e spero di non avervi annoiato, ma aiutato a comprendere meglio ciò che facciamo e perché.

Questo messaggio lo ha scritto Malasorte, un ragazzo detenuto nel carcere di Firenze, della crew @sbarre_mic_check. 28 agosto 2019

Regina rap

Sono stato condannato il giorno in cui sono nato
In questo stato, figlio di un immigrato
Rebibbia, Regina, io c'ho quasi vissuto
E le parole di chi non c'è stato valgono uno sputo
Mi parlano di una giustizia che ancora rifiuto
È un sistema sbagliato, e io lo ho conosciuto.

Sono tante le esperienze che ho avuto con il carcere e il mio legame con quel luogo è tutto dentro *5 del mattino*.

Nel 2018 Fabio De Grossi, responsabile del servizio biblioteche di Roma all'interno dei penitenziari e attivista della comunità di Sant'Egidio, mi ha invitato a presentare il libro *Vivo per questo* a Regina Coeli, che è uno dei tanti istituti penali in cui andavo a trovare papà "al lavoro", così diceva mia madre quando imboccavamo l'entrata del carcere, per non farmi pesare il fatto che per qualche ora ci saremmo trovati chiusi lì dentro, e io ero piccolo e non poteva dirmi la verità.

Ho conservato la locandina.

Giovedì 25 ottobre 2018 – pomeriggio
Amir Issaa viene a incontrare i detenuti di Regina Coeli soprattutto i più giovani. Ci presenta il

suo libro, ci racconta la sua vita, ci offre un breve spettacolo, ci propone un laboratorio da realizzare insieme a lui.

Tutti coloro che desiderano partecipare all'incontro sono invitati a segnalarsi presso lo scrivano di reparto o della biblioteca.

Visto: si autorizza l'affissione e la diffusione nei reparti e nelle sezioni

Rientrare in quel luogo da adulto e tornarci portando parole e cultura è stata una bella rivincita, e soprattutto mi ha dato la possibilità di guardare negli occhi quelli che per me sono ancora gli amici di mio papà e dare loro una speranza: quella di vedere che anche il figlio di un delinquente può salvarsi. Penso che questo sia il messaggio più importante da lasciare a chi sa di avere sbagliato e convive ogni minuto con la paura che i suoi figli possano seguire la stessa strada.

Ero lì con il mio libro, fatto di storie e aneddoti, dove c'era tutta la mia vita, ed era un'emozione forte leggerlo davanti a tutti nella saletta davanti alla biblioteca. Non tutti sanno che in molte carceri ci sono volontari e professionisti che ogni giorno cercano di portare uno spiraglio di luce attraverso corsi di teatro, fotografia, scrittura, e quando va bene come a Regina Coeli, c'è anche una bella biblioteca piena di libri che vengono presi in prestito dai detenuti che di solito li divorano cercando nuove letture ogni giorno. Sapere che il mio libro è su quegli scaffali è una bella sensazione, e penso che mio papà sia orgoglioso di me e di come mi sono rialzato dopo le difficoltà che abbiamo avuto.

A quell'incontro è seguito un laboratorio di rap a cui hanno partecipato tante persone. Siamo anche riusciti a costruire uno spettacolo in cui in diversi si sono esibiti davanti a un pubblico. Lo spettacolo si chiamava *Regina rap*.

A Natale, come faccio ormai da un po' di anni, ho partecipato al pranzo di Natale che la Comunità di Sant'Egidio organizza all'interno della "terza casa" nel carcere di Rebibbia, uno spazio sperimentale che accoglie pochi detenuti che fanno un percorso di disintossicazione dalle sostanze, e in cui si fanno molti progetti di recupero sociale. Intorno a un grande tavolo, tra un pezzo di lasagna e una partita a tombola si cerca di trascorrere un giorno in compagnia con qualche spensieratezza.

Dopo aver cantato alcuni brani del mio repertorio, grazie a un impianto stereo accroccato tra un karaoke e un "compatto" dei più scadenti, sono tornato a sedermi squadrato a vista da uno degli agenti della polizia penitenziaria, che probabilmente non aveva gradito il testo di *5 del mattino*. A quel punto ho sentito alle mie spalle una voce brillante dirmi: «Bravo! Non ti conoscevo, eppure mio figlio ascolta tanta musica rap, restiamo in contatto perché vorrei proporti una collaborazione».

Era Flavia Trupia, docente di retorica.

Da quel giorno non ci siamo più persi, scoprendo quanto c'era in comune in quello che facevamo. Io le parlavo del flow e delle battle di freestyle, e Flavia mi faceva notare che nel mio testo di *5 del mattino*, nella barra: «il mio destino diventa un assassino, e mandandomi affanculo si sdraia sul mio cuscino», avevo usato una “prosopopea”, ovvero la personificazione di un entità astratta. Per chi conosce bene la lingua italiana non è una grande scoperta, ma per uno come me che ha imparato a scrivere per imitare i rapper americani come Notorious B.I.G. e Method Man non è proprio scontato.

Chi lo avrebbe immaginato che da quel giorno le nostre strade, apparentemente così distanti, si sarebbero incastrate alla perfezione come due tessere di un mosaico.

RapTorical, i rapper sono i nuovi retori

Flavia Trupia

La vita è fatta di incontri. Sembra una frase buona per le striscioline trasparenti che avvolgono i Baci Perugina, ma è banalmente così. Non solo le amicizie e gli amori prendono vita da un incontro, ma anche le opportunità di lavoro, soprattutto per chi, come me, deve fare fronte alle gioie e ai dolori di non avere un posto fisso. Niente di eroico, devi solo cambiare il tuo modo di lavorare ogni quattro o cinque anni. Se non lo fai, vai in orbita, parti per la tangente del mercato del lavoro e questo si traduce in un insieme di parole che sono la criptonite del piccolo imprenditore: "nessuno-ti-vuole-più".

Dopo una laurea in Lettere e una tesi in Filosofia del linguaggio, ero perfettamente consapevole di non avere in mano le carte giuste per essere ricercata dalle aziende. Il mio telefono non squillava affatto e le imprese, dopo aver ricevuto il mio scarno curriculum, non si prendevano neanche la briga di rispondere con un diplomatico "le faremo sapere". Che fare? Un corso di comunicazione d'impresa e una serie di stage non pagati. Penso di essere la persona sulla faccia della Terra ad averne fatti di più: quattro, uno via l'altro. Un vero primato in una competizione tra sfigati. Poi è cominciata la serie dei lavoretti super precari e pagati due lire, che un bel giorno si è conclusa con un contratto in un'agenzia di pubblicità internazionale. Si producevano annunci TV, radio, stampa per vendere tutto e il contrario di tutto: l'acqua che faceva dimagrire (ovviamente, se bevi solo quella, peccato però che poi muori), i primi contratti nella neonata giungla della liberalizzazione telefonica, le assicurazioni per la salute e la vita, fino all'incentivazione del consumo di pesce fresco. Poi è arrivato un lavoro come esperta di comunicazione per un progetto di internazionalizzazione del ministero degli Affari Esteri e la musica è cambiata. Niente più feste della Milano dei pubblicitari, ma molta più diplomazia, con il rischio di fare una gaffe ogni due minuti. Ricordo una volta che usai un cavalletto da pittore per appoggiare il poster di un evento che avevo organizzato, per poi scoprire che si trattava di una intoccabile e prestigiosissima opera d'arte contemporanea, appartenente alla collezione ministeriale. Niente più annunci pubblicitari aggressivi, ma tanta comunicazione istituzionale che deve tenere conto degli equilibri politici e di tutti gli interlocutori in gioco. Niente più clienti che pretendono l'impossibile alle 7 del venerdì sera, ma temi complessi, incomprensibili anche per te, da rendere "potabili" per il comune cittadino. E poi? Un'altra serie di "poi". È iniziato il quinquennio della consulenza come libera professionista per vari clienti da procacciare e da mantenere, ai quali vendere testi scritti come scrittore-fantasma (nel senso che tu scrivi e altri firmano).

E, infine, l'era della retorica, oggetto del mio attuale lavoro come piccola imprenditrice. E qui, esattamente qui, entra in scena Amir Issaa.

Era il 28 dicembre ed ero andata nel carcere di Rebibbia di Roma, la mia città, per un pranzo con i detenuti. Si trattava di un'iniziativa organizzata dalla Comunità di Sant'Egidio con il meritorio intento di mescolare la realtà del carcere con i cittadini liberi. Ero in compagnia di Emma Tosi e Cinzia Gauttieri, due avvocate dell'Unione Camere Penali, con le quali stavamo organizzando la *Guerra di parole*, uno scontro di retorica tra liceali e penalisti, finanziato dal ministero dell'Istruzione. Il tema del dibattito era "Gli italiani sono razzisti?". Proprio in quei giorni, con Emma e Cinzia eravamo alla ricerca dei membri della giuria. Dovevano essere persone che si fossero distinte nella comunicazione e che avessero qualcosa a che fare con i temi dell'immigrazione.

Il pranzo andava avanti tra le lasagne, le chiacchiere e la tombolata finale. Premio per la cinquina, un pigiama a righe... in carcere! Ero sinceramente felice di non essere solo io a fare gaffe.

Dopo la tombola, la musica. Uno degli organizzatori annuncia che avremmo ascoltato un rapper, anche lui ospite esterno. Bene, penso io, non ne ho mai ascoltato uno dal vivo. Amir prende la scena. Le parole scorrono, si intrecciano, colpiscono. Vengo travolta da un enjambement, una dieresi, un'apostrofe, un chiasmo, una metafora... Figure retoriche a palate, ma non fini a sé stesse. Vivevano in quelle barre al servizio del racconto. Un'epifania. Come avevo fatto a non pensarci prima? I rapper erano i nuovi retori.

E in più il tema della canzone era l'immigrazione. Perfetto! Amir Issaa era l'uomo giusto al posto giusto. Solo che lui ancora non lo sapeva. Guardo Emma e Cinzia: «Ecco uno dei membri della giuria della *Guerra di parole*. È quello che ha scritto i testi delle canzoni del film *Scialla!*, andiamo a dirgli che non ci può dire di no». Partiamo in formazione. Amir aveva finito di cantare ed era al centro di un capannello di detenuti e volontari che si congratulavano con lui. Intercetto i suoi occhi per fargli capire, con uno sguardo, che gli dobbiamo parlare, che è importante, anzi vitale. Anni e anni di allenamento per affinare il linguaggio del corpo. A volte pensano che sei strabica, a volte che ci stai provando, a volte ti mandano direttamente a quel paese... Ma quella volta ha funzionato. Ci raggiunge, parliamo, accetta di fare il giudice. E questa era fatta.

Continuiamo a chiacchierare. Vuole saperne di più sulla retorica. Lo vedo incuriosito sul mio mondo, almeno quanto io lo sono sul suo. A tratti, vedo il suo sguardo assorto, tipico di chi sta scoprendo qualcosa. Lo riconosco, perché è lo stesso che ho io. Una cosa mi era chiara. I nostri due campi di azione dovevano convergere, perché facevamo la stessa cosa anche se in modi diversi: io applicavo la retorica ai discorsi – come divulgatrice, consulente e docente – lui interpretava la retorica – come rapper, divulgatore e docente.

Il vero problema di un imprenditore è trasformare un incontro e un'intuizione in un prodotto o un servizio che possa avere un mercato, ossia che qualcuno sia disposto a comprare. Nel settore della consulenza esiste una grande distinzione, veicolata da sigle che hanno il sapore esoterico del rebus: B2B e B2C. La prima significa *business to business* e si riferisce a un'offerta commerciale destinata alle aziende, ma anche alle istituzioni; con la seconda invece si intende *business to consumer* ed è un'offerta pensata per il consumatore finale, il singolo cittadino. Sia nel B2B che nel B2C serve quello che nel marketing si chiama *naming*, cioè il nome del prodotto. Il *naming* era chiaro: RapTorical, la crasi tra rap e retorica. Il mercato di riferimento era il B2B per poi arrivare al B2C. E il prodotto? Semplice, corsi di formazione sul parlare in pubblico e manifestazioni culturali e sociali finanziate dalle istituzioni o dalle aziende. Insomma, l'attività che già facevamo entrambi, ma resa più sprint dall'insolito matrimonio tra rap e retorica. Poteva funzionare: nell'immaginario collettivo, al rap serviva profondità e credibilità scientifica; mentre alla retorica serviva leggerezza e modernità. Perché non provare?

Arrivano gli alieni

Quando si lancia un nuovo prodotto, serve un evento ufficiale, che sia possibilmente fisico e virtuale; off e online, come si dice oggi. La prima occasione buona era il lancio del libro *La retorica è viva. E gode di ottima salute* che avevo appena pubblicato con Andrea Granelli per l'editore Franco Angeli. Il pubblico sarebbe stato quello solito degli eventi di Per La Retorica, la mia società che, a quel tempo, era ancora un'associazione: manager, professionisti, dirigenti della pubblica amministrazione, professori universitari. Partner abituale degli eventi – eravamo nel 2019, in era pre-Covid – era l'associazione Civita, fondata dal banchiere Gianfranco Imperatori. Civita ha una sede fantastica, al centro di Roma, con una terrazza dalla quale rimanere folgorati dalla *Grande Bellezza* di piazza Venezia, del Foro Romano e della Colonna Traiana. Un luogo generalmente destinato a incontri seri e istituzionali, nel quale, grazie ad Andrea Talamonti, abbiamo spesso portato eventi anticonformisti come "Fenomenologia della supercazzola" e "Processo alla predica".

Invece di fare la solita e noiosissima presentazione del libro, avremmo organizzato un evento che avrebbe avviato la serie RapTorical: "Lezione di rap per vecchi bacucchi (noi!)". Una vera e propria lezione, nella quale il pubblico, fatto da persone che non avevano mai ascoltato una canzone rap dall'inizio alla fine, sarebbe stato coinvolto in un mini corso di formazione interattivo. Io avrei raccontato le figure retoriche del rap, confrontandole con quelle della letteratura, Amir le avrebbe fatte vivere interpretandole e, alla fine, il pubblico sarebbe stato invitato a improvvisarsi rapper, inventando barre sul momento. Un incontro ravvicinato del terzo tipo tra mondi distanti tra loro, rilanciato sui social con l'hashtag #RapTorical.

Ma non bastava. L'alieno Amir era venuto sul mio pianeta, ora l'aliena Flavia doveva fare una capatina sul pianeta di Amir. In fondo, siamo tutti alieni sui pianeti altrui. Avevo sentito parlare delle gare tra rapper, ma pensavo si svolgessero solo negli Stati Uniti. Mi ricordavano le tenzoni poetiche e le *disputatio* condotte dai chierici medioevali. Avevo in mente la meravigliosa e verissima citazione del teologo francese Pietro Cantore del XII secolo: «Nessuna verità può essere veramente capita e predicata con ardore se prima non sia stata masticata dai denti della disputa». La *Guerra di parole*, la gara di retorica che organizzavo ormai da qualche anno, e i *Grandi processi della retorica*, nei quali facevo dibattere esperti su un tema dell'attualità, erano dispute. Ma quale sapore aveva una disputa in versione rap? Detto, fatto. Amir invita me ed Enrico Roccaforte, attore e anche regista della *Guerra di parole*, al Fight Club, un torneo tra rapper che si sarebbe svolto in una discoteca romana. Ero attratta e incuriosita, ma anche impensierita dalla consapevolezza che sarei stata E.T. che sbarca sulla Terra. Una signora di mezza età e dall'aspetto borghese in un evento che si chiama addirittura Fight Club. Per non parlare del fatto che non mettevo piede in una vera discoteca dai tempi del Pleistocene. Come vestirsi? Come evitare di sembrare una patetica signora romana che vuole fare la "ggiovane"? Opto per pantaloni neri, stivaletti con il tacco (non troppo, altrimenti sai il mal di piedi?!), una maglietta a righe bianche e nere e una giacca di ecopelle rossa. Insomma, il mio solito stile, che risponde alla sempreverde e salvifica filosofia: se vi va bene, bene; se non vi va bene, peggio per voi!

La serata si rivela subito sorprendente. Sul palco si susseguivano le *battle*. Quattro rapper, tutti giovanissimi, si sfidavano sparando come mitragliatrici rap inventati sul momento. La giuria ne sceglieva due, che si scontravano tra loro. Tutti i vincitori dei match si confrontavano, fino alla proclamazione del vincitore finale. Ero letteralmente ipnotizzata dalla capacità di questi ragazzi di inventare rime all'impronta, di giocare con le parole e il ritmo, producendo incastri a volte arguti, a volte comici, a volte profondi. *Chapeau.*

Quello che emergeva con chiarezza era che il rap rappresentava una grande scuola di retorica e andava assolutamente integrato nei corsi di formazione e nelle manifestazioni che organizzavo con Per La Retorica. Il progetto RapTorical doveva assolutamente prendere corpo, perché rispondeva ai tre aggettivi chiave di un buon prodotto di marketing: era nuovo, era distintivo, era chiaro. Non vi sconvolgete se ragiono in questi termini poco poetici e molto materiali, ma le belle idee devono avere la capacità di camminare sulle proprie gambe, altrimenti rimangono nel cassetto chiuso delle buone intenzioni.

RapTorical ha segnato una nuova stagione. Il nostro evento annuale, la *Guerra di parole* tra studenti universitari e detenuti, supportato da Toyota Motor Italia, si è arricchito con la presenza del rap. Gli appelli prima e dopo il dibattito delle squadre, fino all'anno precedente realizzati in forma di discorso, vedono ora i partecipanti cimentarsi con le barre e le *punchline* (rima di forte impatto in un freestyle o in una canzone rap che di solito si trova alla fine di una barra) tipiche della cultura hip hop. Non solo. I corsi di formazione per imparare a parlare in pubblico si servono ora delle tecniche del rap, oltre che di quelle della retorica e del teatro. L'obiettivo, naturalmente, non è trasformare manager, avvocati e professori universitari in novelli rapper, ma usare il rap come scuola per imparare il ritmo e la gestione del corpo, la dizione e le figure retoriche. Sì, anche le figure retoriche. La sintesi del rap, e la sua necessità di rientrare in un metro, porta alla creazione di figure retoriche, a volte molto efficaci per rendere più vivo e più chiaro un argomento. E quelle figure sono fatte della stessa materia di cui sono fatti i discorsi. Possono essere riprese e riutilizzate in un'allocuzione, andando a suonare la tastiera del *pathos*, il coinvolgimento emotivo provocato da un discorso, ma anche quella del *logos*, la concatenazione logica delle argomentazioni. Quando Martin Luther King ripete incessantemente *I have a dream* al Lincoln Memorial di Washington il 28 agosto 1963, per rivendicare i diritti degli afroamericani, sta usando un'anafora, ma sta anche interpretando il respiro e il ritmo di un ritornello. Quando papa Giovanni XXIII a San Pietro l'11 ottobre del 1962 commuove il mondo con l'invito «Date una carezza ai vostri bambini e dite: "Questa è la carezza del Papa"», sta toccando le corde del *pathos*, studiato da Aristotele, e pronunciando una *punchline*. Allo stesso modo, quando Amir Issaa in *Questa è Roma* rappa: «Giro con la gente che ha rispetto e rispetto / chi ha preso calci in bocca è ancora qui e non ha smesso» usa un chiasmo. Lo stesso messo in campo da John Fitzgerald Kennedy quando, nel discorso di insediamento a Washington il 20 gennaio 1961, lancia il suo monito ai cittadini americani: «Non chiedete cosa può fare il vostro Paese per voi, chiedete cosa voi potete fare per il vostro Paese».

Con questo non voglio dire che la strada è spianata e che il mondo del business, dell'accademia e della formazione ci stende i tappeti rossi. Ancora oggi è difficile far accettare la parola "retorica", che viene fin troppo spesso sostituita da *public speaking* o *storytelling*. Lo stesso termine "discorso" a volte è esiliato dal nostro linguaggio, tradotto in *speech* o *talk*. Per non parlare dei *debate* scolastici (cosa vi hanno fatto di male i "dibattiti"?). Non sono affatto contraria all'uso degli anglicismi, ma sono contrarissima all'autolesionista sudditanza intellettuale, che ci fa pensare che tutto quello che viene da un altro Paese sia migliore di quanto viene prodotto da noi. Nel caso particolare la retorica è stata inventata in Sicilia, nel V secolo avanti Cristo, gli stessi americani la chiamano *rhetoric*, e noi italiani l'abbiamo bandita dalla scuola e dall'università.

La stessa cosa accade con il rap che, fuori dell'ambiente hip hop, viene visto con un misto di snobismo e di paura. I rapper sono cattivi, volgari, violenti, drogati, trogloditi, ignoranti (tutti i rapper, non "quel" rapper) e devono essere tenuti lontani dalla scuola, dall'azienda e dalle istituzioni.

Retorica e rap sono dunque due outsider. L'idea di metterli insieme può renderli più forti e accettati. Signore e signori, attenti! Gli alieni si sono alleati e stanno arrivando.

Una nuova wave

Questo mio secondo libro viene pubblicato in un periodo storico particolare che ci sta mettendo tutti alla prova, e comprensibilmente molte persone sperano di tornare a vivere come facevano prima di questa pandemia... Ma non io. Oggi sento dentro di me una forte voglia di cambiamento e non voglio tornare indietro. A quarantadue anni sono arrivato alla consapevolezza che voglio giocarmela il più possibile fino alla fine, e per farlo devo essere sempre pronto a surfare una nuova *wave* lottando contro la nostalgia e senza badare ai rimpianti: la verità è che ormai mi sento sempre più a mio agio in questo nuovo abito, che è più simile a quello di un educatore che a quello di un rapper.

È come se il nastro di un mixtape di strumentali si fosse riavvolto fino all'inizio per ripartire dalla prima base: mi sento pronto per scrivere nuove storie.

A dicembre del 2020 ho dovuto lasciare la casa nel quartiere di Tiburtina in cui ho vissuto per quattro anni, e la fine dell'anno ha coinciso con la ricerca di un altro alloggio che ho trovato casualmente a Torpignattara. Sono tornato a vivere nel quartiere in cui sono cresciuto, da cui tutto è iniziato. La cosa più divertente è che abito davanti alla mia vecchia scuola: proprio quella da cui sono scappato per anni, e che oggi mi dà il buongiorno mentre bevo un caffè affacciato alla finestra della mia cucina.

A febbraio Niccolò ha dato il primo esame all'università. «Ventotto!», ha detto al telefono. Mio figlio ora è un brillante studente universitario: il solo pensiero mi rende fiero, e forse un po' stupito.

Flavio, il mio manager, ha ricominciato a gestire l'agenda come un'autostrada a tre corsie: scuole, progetti extrascolastici, l'America. Le giornate si riempiono, si torna poco alla volta a fare le cose in movimento vero. Resta la possibilità che questi mesi ci hanno imposto: Zoom, Webinar, Meet, schermi divisi a quadretti sempre più piccoli.

Come per magia, in mezzo a questo vortice sono riuscito anche a trovare un nuovo amore, e non avrei mai immaginato che la mia attuale compagna potesse essere proprio una docente di lettere che insegna alle scuole medie.

Mi sento come se la vita avesse deciso di spiazzarmi stravolgendo continuamente quelli che erano i miei piani, ma va benissimo così: sto imparando ad accogliere questi cambiamenti con entusiasmo.

Il mio mixtape scorre veloce: ho scritto la lettera di referenze per Enrico Zammarchi, che ha fatto domanda per la Nasir Jones Hiphop Fellowship; ho contribuito con un mio testo a un libro universitario di musicologia in cui si trova una connessione tra il rap e alcuni canti tribali collaborando con la docente Serena Facci dell'università di Tor Vergata; ho partecipato al documentario di Vice USA sul movimento Black Lives Matter in Italia comparendo in due momenti: nella storia di Luca Neves e con il videoclip del brano che abbiamo scritto insieme. È un piccolo intervento, ma per me è importante, per tanti motivi.

E ancora: uno dei docenti della School of World Studies in Virginia mi ha scritto che vorrebbe portare *Educazione rap* nelle scuole d'America («Facciamo un book release: noi possiamo inserire la tua metodologia di insegnamento a livello universitario cosicché il libro possa essere usato per gli studenti non madrelingua»); Monica, una professoressa con cui ho fatto un bel lavoro alla Pisacane di Roma, mi scrive che l'hanno trasferita a Torino: «Allora, che ne dici di portare un po' di rap di Torpigna sotto la Mole?»; Wissal Houbabi mi ha fatto una bella intervista per «Antirazine», una nuova fanzine contro il razzismo e le discriminazioni di cui è uscito in questo mese il numero zero: rido pensando a com'è cominciata tra noi, con quel no al *Manifesto* che invece mi ha fatto crescere nella consapevolezza che le parole pesano.

Mentre chiudo le bozze del libro, mi preparo per il convegno dell'AAIS (American Association of Italian Studies) che si tiene a giugno 2021. Michela Ardizzoni del Critical Race Studies Caucus mi ha invitato a una tavola rotonda sui contributi che diverse discipline possono dare alla teoria della razza critica: «Un intervento sull'uso della lingua nel rap e nella poesia arricchirà molto la nostra discussione». Dalle sue parole capisco che ormai il rap, col suo potere di denuncia, riflessione, divertimento, riscatto, è entrato nelle scuole e nelle università, e anche grazie a me.

Prima di uscire guardo la nuova stanza nel mio vecchio *hood*: come quand'ero ragazzo, è ancora piena di dischi, poster, sneakers, libri, scatole di fogli con tutte le mie rime.

Mi concedo una breve passeggiata tra Parco Sangalli e la via centrale del quartiere. Camminando, mi fermo a osservare il nuovo murales di Carlos Atoche, 50 metri di *Tempio delle Culture Migranti*: sullo sfondo di antiche rovine romane si alternano resti e statue di tante etnie che convivono oggi nel quartiere di Torpignattara. Guardo il disegno di una Roma nuova e insieme antichissima, che abbraccia e tiene insieme Buenos Aires, Lima, Atene e Hanoi, Guangzhou, Fez, Los Alcazares e Ha Long, ma anche Petra, la Turchia, la Siria, l'Egitto.

Sorrido: sono a casa.

Ringraziamenti

Educazione rap nasce dalla voglia di far conoscere a tutti il potenziale di questo linguaggio musicale che mi ha cambiato la vita, ma da solo non sarei riuscito a realizzarlo. Flavio Zocchi, Sandra Piana, Francesca Mancini, Paola Zukar, Flavia Trupia, Emiliano Sbaraglia, Angelica Pesarini, Hiram Smith, Gaia Roncarelli, vi ringrazio per la fiducia e per il contributo prezioso.

Apparati

Nelle prossime pagine trovate quattro contributi su alcuni temi che ho toccato nel libro: razzismo, ius soli, retorica, persone e movimenti. Per il razzismo ho chiesto un contributo ad Angelica Pesarini, docente di Sociologia alla New York University di Firenze dove insegna Black Italia, un corso dedicato all'analisi delle intersezioni di razza, genere e cittadinanza nell'Italia coloniale e postcoloniale. Per lo ius soli ho scelto un articolo del magazine online dell'università di Padova, che offre un panorama chiaro sullo ius soli in Europa e nel mondo. Per il terzo approfondimento ho chiesto a Flavia Trupia di spiegarci dieci parole della retorica in chiave rap. In chiusura c'è un elenco (parziale) di persone, movimenti, film e articoli citati nel libro. Da qui si può partire per fare un altro pezzo di strada, scoprendo per esempio che molti Paesi europei hanno fondato un loro BLM, Italia compresa; che in Europa ogni Paese ha una propria politica dello ius soli; che la retorica ci serve, e non solo se facciamo rap o scriviamo poesie; che il rap è fatto di tutto ciò che uno vive e in cui crede: persone, libri, film, movimenti eccetera.

Da Faccetta Nera a Black Lives Matter

di Angelica Pesarini

Il 2 giugno 2020 era un martedì, e io ricordo bene che quella notte non riuscivo a dormire. Da lì a pochi giorni, infatti, da Milano a Palermo, nel mezzo di una pandemia, migliaia di persone sarebbero scese in piazza per manifestare ed esprimere il proprio dolore in seguito alla morte di George Floyd, un uomo afroamericano di 46 anni, ucciso il 25 maggio a Minneapolis. Il 2 giugno 2020, però, segnava anche il secondo anniversario della morte di un altro uomo nero, preso a fucilate in Italia, mentre con alcuni compagni cercava di rimediare dei pezzi di lamiera da una fabbrica abbandonata, in Calabria. Era un bracciante sfruttato e un promotore dei diritti umani, aveva 29 anni e si chiamava Soumaila Sacko. Quasi nessuno quel 2 giugno si è ricordato della sua morte.

La mia insonnia era causata proprio da una serie di riflessioni[1] scaturite da alcune morti a sfondo razziale avvenute negli Stati Uniti in quel periodo

1 lavoroculturale.org/questioni-di-privilegio/angelica-pesarini/2020/.

di pandemia, ma anche dalle risposte della società italiana di fronte alla morte di alcune vite nere. Perché mi sembrava chiaro che se alcune vite nere, vittime della violenza negli Stati Uniti, contassero a quanto pare molto date le tantissime persone scese in piazza in quei giorni di giugno; altre, spezzate in Italia, non avessero invece la stessa importanza. E dunque, mi sono chiesta, cosa significa dire Black Lives Matter in Italia? Ha senso usare questa frase da noi o bisogna, forse, trovare altre modalità per far passare questo concetto?

Sicuramente gli Stati Uniti sono stati storicamente una fonte di ispirazione, rifugio, respiro per chi come me e Amir si è trovato a essere una bambina o un bambino afrodiscendente negli anni Ottanta. Eravamo sempre noi gli unici puntini marroni a scuola, nelle fotografie di classe, nella squadra sportiva, al bar, sull'autobus, alle poste. Il nostro era un mondo bianco. Oggi fortunatamente non è più così. Basta entrare in una scuola dell'obbligo per vedere la moltitudine di colori, lingue, religioni che caratterizzano la società italiana. In quegli anni, però, i film e le sitcom americane, il rap, le cantanti soul, i campioni di basket, come Shaquille O'Neal o Michael Jordan, ci davano qualche supporto emotivo che ci aiutava a vederci rappresentati, anche se già allora capivamo come gli Stati Uniti fossero molto diversi dall'Italia.

La storia razziale dei due Paesi si sviluppa su traiettorie molto diverse. A differenza degli Stati Uniti, in cui la tratta transatlantica ha dato origine all'odierna comunità afroamericana, in Italia non si può parlare di una comunità nera, bensì di comunità nere, arrivate in Italia in momenti storici differenti e con esperienze e background diversi. Prendiamo, per esempio, una persona che arriva dalla Nigeria negli anni Novanta, ed una di origine eritrea arrivata negli anni Sessanta. Non molto accomunerà queste due persone, nonostante siano entrambe nere e provengano dallo stesso continente. Sarà invece la comune esperienza migratoria in Italia che, forse, permetterà loro di conoscersi.

Il colonialismo, invece, riveste un ruolo fondamentale per la comprensione dell'Italia contemporanea.

Dal 1890 al 1941 l'Italia è presente in Africa Orientale e poi in Nord Africa, non solo per costruire strade e ospedali, o addirittura portare civiltà alle "Faccette Nere", elementi questi alla base del mito "italiani brava gente". L'Italia vuole un impero come il resto delle maggiori potenze europee, e per compiere questa missione fa uso di armi chimiche e torture, crea campi di concentramento e compie massacri[2]. Nelle colonie però nascono anche le prime generazioni di bambini e bambine italian* ner*, definiti meticci/e in gergo coloniale, persone che una volta adulte verranno in Italia pensando di trovare un'altra madre patria. Negli anni Sessanta, però, quando arrivano, il colonialismo non esiste più, è già stato rimosso dall'immaginario collettivo, così come le loro storie.

---

2 Si pensi ai massacri compiuti da Rodolfo Graziani, per esempio, in Libia e in Etiopia. Si veda: Angelo Del Boca, *Italiani, brava gente?*, Beat, Milano 2014.

È fondamentale ritrovare quelle pagine mancanti nei nostri libri di storia. Perché se una certa Storia ci parla solo di chi ha vinto e chi ha perso, dietro ci sono le storie di vita, le narrazioni personali, le "piccole voci" della storia, per citare lo storico indiano Ranajit Guha, capaci di resistere all'oppressore e restituire umanità.

Lo ius soli in Europa e nel mondo[3]

Ogni Stato ha una sua legislazione. Solamente in Europa infatti, la possibilità d'avere la cittadinanza già alla nascita varia tra gli Stati membri.

In cinque Paesi europei c'è una stessa linea legislativa. In Germania vige uno ius soli chiamato temperato (o condizionato). In pratica un bambino acquisisce la cittadinanza tedesca alla nascita solamente nel caso in cui almeno uno dei due genitori abbia un permesso di soggiorno permanente (da almeno tre anni) e i genitori risiedono in Germania da almeno 8 anni. In Belgio un bambino diventa cittadino se almeno uno dei due genitori è nato in Belgio o ha vissuto lì almeno 5 degli ultimi 10 anni. In Irlanda si ha diritto di cittadinanza alla nascita se almeno uno dei suoi genitori è un cittadino irlandese o un cittadino britannico, o se è stato residente nell'isola per tre dei 4 anni precedenti la nascita del bambino.

3 Fonte: Antonio Massariolo, «Il Bo Live», magazine online università di Padova, https://ilbolive.unipd.it/it/news/ius-soli-come-funziona-europa-mondo.

In Portogallo diventano automaticamente cittadine le persone nate in territorio portoghese da genitori stranieri, se almeno uno dei genitori è nato in Portogallo e lì ci risiede; le persone nate in territorio portoghese da genitori stranieri che però dichiarano di voler essere portoghesi (a condizione che uno dei genitori abbia soggiornato legalmente in Portogallo per almeno due anni al momento della richiesta). Anche in Gran Bretagna non esiste uno ius soli puro ma è condizionato dal fatto che il bambino nato debba avere almeno un genitore già in possesso della cittadinanza britannica.

Olanda

Uno dei Paesi più restrittivi in Unione Europea è l'Olanda. Nei Paesi Bassi infatti non c'è un vero e proprio ius soli, bensì la cittadinanza viene concessa o al compimento dei 18 anni (se in possesso di regolare permesso di soggiorno e si è vissuto in Olanda per almeno 5 anni senza interruzioni) o un bambino è olandese se è nato da almeno un genitore che ha la sua residenza principale nei Paesi Bassi, Curaçao, Sint Maarten, Aruba o Antille olandesi.

Spagna

Sulla stessa linea legislativa dell'Olanda è la Spagna, in cui vige più lo ius sanguinis che lo ius soli. Un bambino diventa cittadino spagnolo se almeno un genitore lo è. La cittadinanza può essere acquisita dopo 10 anni di residenza nel Paese, avendo un lavoro e un permesso di soggiorno permanente e, come accade in molti altri posti, con il matrimonio.

Francia

La legislazione della Francia infine è quella un po' più complessa. Qui infatti vige una sorta di doppio ius soli, cioè i bambini nati in Francia da almeno un genitore straniero, a sua volta nato nel Paese, acquisiscono automaticamente la cittadinanza francese alla nascita. I bambini nati da genitori stranieri possono invece richiedere la cittadinanza a 18 anni, se i genitori risiedono lì da almeno 5 anni.

Stati europei senza lo ius soli

Gli Stati europei che non hanno lo ius soli invece sono: Grecia, Austria, Bulgaria, Croazia, Repubblica Ceca, Danimarca, Estonia, Finlandia, Ungheria, Italia, Lituania, Lettonia, Malta, Polonia, Romania, Slovacchia, Slovenia, Svezia.

Lo ius soli nel mondo

Come abbiamo visto quindi, in Europa nessun Paese ha uno ius soli totale e incondizionato. Nel mondo però questa tipologia di legislazione in materia di cittadinanza è piuttosto diffusa. Uno studio del Global Citizenship Observatory ha evidenziato come lo ius soli sia utilizzato dall'83% degli Stati del Nord, Centro e Sud America. Tra gli Stati più popolosi troviamo il Canada, l'Argentina, il Brasile, il Messico ma anche gli Stati Uniti. Il 14° emendamento alla Costituzione degli Stati Uniti sancisce quindi che appena un bambino nasce in territorio statunitense ha la cittadinanza, qualsiasi sia quella dei genitori. Uscendo dalle Americhe possiamo notare come lo ius soli senza alcuna restrizione sia presente anche in Ciad e Pakistan.

Retorica e rap, RetoParole[4]

di Flavia Trupia

Per i rapper la retorica è pane quotidiano. Riportiamo di seguito l'illustrazione di alcune figure retoriche. Per ognuna, prenderemo in considerazione un esempio tratto dalla letteratura, o da un discorso, e lo metteremo a confronto con le barre di un rapper.

1 ALLITTERAZIONE

Ripetizione di una lettera o di una sillaba in una o più parole successive. La ripetizione può essere casuale o mirata al raggiungimento di un effetto comunicativo. Troviamo allitterazioni nel linguaggio comune, come nelle espressioni "mare e monti" e "fuoco e fiamme", e nella letteratura. Un esempio prodigioso si ritrova nei salti mortali sonori di Luigi Pulci nel *Morgante* (opera, in 28 cantàri – o canti – in ottave, 30.080 versi in totale, edita nel 1478),

4 Flavia Trupia, perlaretorica.it.

che diventano uno scioglilingua per attori, cintura nera di dizione:

La casa cosa parea bretta e brutta,
Vinta dal vento, e la natta e la notte
Stilla le stelle, ch'a tetto era tutta;
Del pane appena ne dètte ta' dotte;
Pere avea pure e qualche fratta frutta,
E svina, e svena di botto una botte;
Poscia per pesci lasche prese all'esca;
Ma il letto allotta alla frasca fu fresca.
(*Morgante*, XXIII-47)

La magia ritmica dell'allitterazione si trova anche nella pubblicità, dove è funzionale ad attivare il ricordo del consumatore.

Un esempio tra tutti è «Fiesta ti tenta tre volte tanto». Non mancano esempi in politica, come nello slogan del 1952 «I like Ike», usato per promuovere il candidato alla presidenza degli Stati Uniti Dwight Eisenhower, detto Ike.

Teorie catastrofiste ora si aspettano un rullante
Che quando colpisse sarebbe apocalisse
  all'istante
Io son la voce che vi annichilisce ingoio
  candeggine lisce
Così la voce mi si schiarisce.
(Mistaman, *Centouno barre*, 2014, dall'album
M-theory)

2 CHIASMO

Proviene dal nome della lettera greca "chi" che ha la forma simile alla nostra X. Parole identiche (o che rimandano allo stesso concetto) sono disposte in ordine incrociato, creando la struttura: ABBA.

> Le donne, i cavallier, l'arme, gli amori,
> Le cortesie, l'audaci imprese io canto.
> (Ludovico Ariosto, *Orlando Furioso*, 1516)

> Conosco un criminale vorrebbe fare il rapper
> Conosco un rapper vorrebbe fare il criminale
> Io non dico a te come fare le panette
> Tu non dire a me come devo fare il rapper
> Conosco un criminale vorrebbe fare il rapper
> Conosco un rapper vorrebbe fare il criminale
> Io non dico a te come evitare le manette
> Tu non dire a me come devo fare il rapper.
> (Marracash, *Rapper/Criminale*, 2011, dall'album *King Del Rap*)

3 ENJAMBEMENT

Procedimento metrico e sintattico che si usa in poesia per "scavalcare" il verso, completando il senso di una frase nel verso successivo o separando un gruppo sintattico che di solito si presenta unito, come il sostantivo e il suo attributo o il soggetto e il suo predicato. Gli obiettivi di questo procedimento possono essere due: mettere in evidenza una parola, portando il lettore a riflettere su di essa proprio grazie al fatto che è stata separata dalle altre che la precedono o la seguono e dare ritmo alla lettura. Troviamo una serie di enjambement in Leopardi:

Ma sedendo e mirando interminati
Spazi di là da quella, e sovrumani
Silenzi, e profondissima quiete
Io nel pensier mi fingo.
(*L'infinito*, 1818-1819)

Giuro, posso darti molto più
Di ciò che sottolinei nei libri (Woh)
[...] A volte sono un mostro, il cuore chalet
Freddo come il posto che piace a te.
(Salmo feat. NSTASIA, *Il cielo nella stanza*, 2018,
dall'album *Playlist*)

4 LITOTE

Affermare qualcosa attraverso il suo contrario.

Don Abbondio "Non era nato con un cuor di leone".
(Alessandro Manzoni, *I promessi sposi*, 1827
e 1840-42)

Così che il pazzo di aspetto non brutto
Si disse presto, o la spacca o la va
Si fece avanti, forse un po' goffo.
(Ernia, *Un pazzo*, 2018, dall'album *'68 Till The End*)

5 METAFORA

Si può definire come la sostituzione di un termine con un altro termine figurato. "Capelli biondi che ricordano il colore giallo dell'oro" diventa "capelli d'oro": ecco una metafora. Il termine, che deriva dal greco *metaphérō* = io trasporto, indica "uno spostamento di significato" (A. Marchese, *Dizionario di retorica e di stilistica*, Oscar Studio Mondadori, orig. 1978). Attraverso la metafora viene ridefinito un oggetto, utilizzandone un altro con il quale il primo condivide uno o più tratti semantici.

> Non è né un segno di coraggio né di potere lanciare razzi sui bambini addormentati, o far saltare in aria vecchie signore sull'autobus.
> (Barack Obama, Discorso al Cairo, 4 giugno 2009)

> Gué traffica in anime, beve cocktails di lacrime
> È il corrotto apostolo col bossolo per Ratzinger.
> (Dogo Gang, *Roccia anthem freestyle*, 2005)

6 PARADOSSO

Dal greco *pará* = contrario; *dóksa* = opinione. È una figura retorica che intende rivelare una realtà contraria all'opinione comunemente diffusa.

> A Prato mi ha abbracciato un cinese.
> E mi ha detto: «non ce la faccio più neanche io».
> (Beppe Grillo, Tsunami tour, febbraio 2013)

Più sono piccoli, più fanno i grossi
E quelli vuoti si riempiono la bocca di gossip
Quelli insicuri fanno i duri o fanno i tosti
I peggiori mostri
Li trovi nel buio nascosti.
(Baby K, *Tutto ritorna*, 2013, dall'album *Una seria*)

7 SINEDDOCHE

Sostituzione di una parola o di un'espressione con un'altra sulla base di un rapporto di quantità o estensione, come nel caso della parte per il tutto o il contrario, il singolare per il plurale o il contrario, la materia di cui è fatto un oggetto al posto dell'oggetto stesso.

"Partito del predellino": espressione riferita all'estemporanea creazione del partito unico del centro-destra, il Popolo della Libertà, da parte di Silvio Berlusconi, dritto in piedi sul predellino della sua auto.
(18 novembre 2007, piazza San Babila, Milano)

Culo sopra un Alita' [aereo Alitalia]
(Achille Lauro featuring Quentin40, Gemitaiz & Puritano, *Thoiry Remix Samba Trap Vol. 3*, 2018, dall'album *Pour l'amour*)

8 NOMI

I rapper si danno spesso nomi di battaglia. Alcuni provengono dalla propria infanzia, altri da film o cartoni animati, altri ancora dalla semplice magia di come suonano. Solo qualche esempio.

Marracash, Fabio Bartolo Rizzo, deve il suo nome alla sua infanzia. Trasferitosi dalla Sicilia nella periferia di Milano con la sua famiglia, veniva chiamato Marocchino o Marrakesh a causa del suo colorito scuro e dei capelli neri. La scrittura Marrakesh, con un gioco linguistico, diventa Marracash. Invece Gemitaiz, Davide De Luca, cercava un nome a tinte forti, in linea con Danno e Sparo Manero, cui rispondevano due rapper che rappresentavano la scena romana. Sceglie Gemito che, in seguito, diventa Gemitaiz, in onore a un suo amico che aveva la passione per aggiungere il suffisso -aiz a tutte le parole.

In generale, i nomi dei rapper sono piccoli capolavori di creatività. Eccone alcuni: Nitro, Salmo, Fabri Fibra, Nayt, Guè Pequeno, Emis Killa, Jake La Furia, Massimo Pericolo, Ketama126, Mara Sattei (trasformazione di Sara Mattei), Noyz Narcos, Sfera Ebbasta, tha Supreme, Madame.

9 NEOLINGUA E RIOCONTRA

I rapper inventano e trasformano le parole, creando a volte una lingua parallela o ibridata. Troviamo esempi illustri anche in letteratura, come le parole inventate di George Orwell che, nel suo capolavoro

1984, introduce i vocaboli di una neolingua (*newspeak*). Tra questi: *bispensiero* (sostenere un'idea e il suo opposto per non tradire l'ortodossia), *socing* (socialismo inglese), *voltoreato* (espressione facciale che tradisce un reato di pensiero).

Nel rap, il maestro della neolingua è tha Supreme, che mescola idiomi e scritture diverse:

Swisho un blunt, a Swishland
Bling blaow come i Beatles
Blessing, tic tac, le prendo dal mattino.
(tha Supreme, *blun7 a Swishland*, 23 6451)

Il Supremo, come lo chiama il suo collega e amico Hell Raton, nei titoli delle canzoni usa un codice chiamato Leet, che consiste nel sostituire i segni alfabetici con numeri che, nella grafia, ricordano le lettere sostituite. Per esempio, *blun7*, il titolo del brano, sta per "blunt" e 23 6451, il titolo dell'album, sta per "Le basi". Il rapper Tedua, invece, è un fan del riocontra (il contrario della parola "contrario"):

Ogni rima su tela è dipinta
Sono fiero se un tefra mi tifa".
(Tedua, *Circonvalley* feat. Izi, 2016, dall'album *Orange County California*. Qui "tefra" sta per "frate", ossia "fratello", inteso nel senso di amico)

10 SCRITTURA VINCOLATA

Nel 1960 Raymond Queneau e François Le Lionnais fondano l'OuLiPo-Ouvroir de Littérature Potentielle (Officina di letteratura potenziale). Tra i membri dell'Officina figurava anche l'italiano Italo Calvino.

Il gruppo, formato da scrittori e matematici, si occupava di creare sperimentazioni sulla lingua, come la "scrittura vincolata". Per fare un esempio, il vincolo del prigioniero consisteva nel tentare di scrivere un testo usando solo lettere senza gambette in alto o in basso, come la b, d, f, g, h, j, k, l, p, q, t, y.

Un esperimento simile viene fatto dal geniale Fabri Fibra, che scrive una canzone le cui parole riportano le iniziali dalla A alla Z.

Di seguito, una parte del testo:

Aaah, analfabeta ti attacchi
Ah, ah abracadabra attimi adatti
All'attività accanimento anti attenuanti altri
apronono abitudini ansimanti
"A" acrobazia allergia "a" di anoressia
Apatia abbattimento anatomia
Addio buenas dias bella, bella stronzata
Benzina batteri boati in terra bombardata
"C" ci coalizziamo con chi è che ci capisce
Chiesa corano cattolici a chi costruisce
Dovendo Dio darci delle direzioni dentro ho
dubbi, dilemmi, domande, doti, distrazioni.
(Fabri Fibra, *Dalla A alla Zeta*, 2002, dall'album *Turbe giovanili*)

Persone, libri, film, movimenti eccetera[5]

«Aelle» (o «AL», acronimo di Alleanza Latina), poi AL Magazine, era una rivista di cultura hip hop nata nel 1991 a Genova. Nel marzo 2001 la rivista pubblicò il suo ultimo numero, il cinquantatreesimo. Cercando un paragone con oggi, potremmo citare «Essemagazine», la piattaforma che parla di rap fondata da Antonio Dikele Distefano che diffonde informazioni su una pagina Instagram.

Air Jordan è una linea di calzature sportive lanciata da Nike nel novembre 1984, ispirata al campione di pallacanestro NBA, Michael Jordan. Il debutto sul mercato delle Nike Air Jordan avvenne nel marzo del 1985. Queste sneakers erano all'avanguardia sia in termini di tecnica che di design. Sono spesso ai piedi di celebrità come DJ Khaled, Eminem, Drake e molti altri.

Carlos Atoche, artista classe 1984, nato da madre argentina e padre peruviano. Il suo approccio con l'arte risale all'infanzia, quando per lungo tempo

5 Le informazioni sono tratte da siti internet e quotidiani.

osservava l'attività di scultore del padre, specializzato nella produzione di maschere di legno.

Bangla è un film del 2019 scritto, interpretato e diretto da Phaim Bhuiyan. Phaim è un ragazzo di origine bengalese di 22 anni, nato in Italia. Vive a Roma, a Torpignattara e passa le sue giornate tra la famiglia, il lavoro in un museo e la musica. Con la sua band, Moon Star Studio, suona nei locali. Una sera conosce Asia. Phaim deve prendere una decisione: partire per Londra con la famiglia, oppure restare a Roma per rimanere con i suoi amici e con la ragazza che ama. Il film ha vinto il Globo d'Oro, il Nastro d'argento e il David di Donatello.

Black History Month è il mese della storia dei neri (Black History Month, o Afro-American History Month) è una ricorrenza osservata negli Stati Uniti d'America, Canada e Regno Unito per celebrare l'importanza delle persone e degli eventi nella storia della diaspora africana. È celebrato annualmente negli Stati Uniti e in Canada durante il mese di febbraio e nel Regno Unito in ottobre.

Black Panther **e Kendrick Lamar**. *Black Panther* è il film dedicato al personaggio dei fumetti della Marvel Pantera Nera, che esordì nel 1966 in un albo dei Fantastici Quattro e fu il primo supereroe nero del fumetto popolare statunitense. Il personaggio richiama il movimento di lotta contro il razzismo denominato "Black Panther Party". Pantera Nera è l'alter ego di T'Challa, sovrano del Wakanda, Paese africano immaginario che sotto un'apparente povertà nasconde una realtà tecnologicamente avanzata. Uno dei punti di forza del film è la colonna sonora, curata da Kendrick Lamar.

Fa' la cosa giusta (*Do the Right Thing*) è un film del 1989 scritto, prodotto, diretto e interpretato da Spike Lee. Il film si concentra sull'esplosione delle tensioni razziali di un quartiere di Brooklyn nel corso di una giornata particolarmente calda. Quando uscì, il film suscitò molte polemiche: secondo alcuni istigava i giovani afroamericani alla rivolta. Venne candidato a due premi Oscar, per la migliore sceneggiatura originale e il miglior attore non protagonista (Danny Aiello).

L'odio (*La Haine*) è un film del 1995 scritto e diretto da Mathieu Kassovitz, vincitore del Premio per la miglior regia al Festival di Cannes. La pellicola, girata in bianco e nero, prende spunto dalla reale uccisione di un ragazzo delle banlieue di Parigi da parte della polizia. I dialoghi sono in *verlan*, gergo caratterizzato dall'inversione delle sillabe di una parola per crearne una nuova.

Giaime Fiumanò, MC Giaime, (1974-1998). Iniziò come writer per poi dedicarsi al rap. Nonostante abbia inciso solo qualche singolo nella sua breve carriera, è ricordato dalla scena italiana per la dedizione allo studio della tecnica. L'anno successivo alla sua scomparsa nasce l'Associazione Culturale Giaime Fiumanò, e nel 2004 viene istituito il Premio MC Giaime, evento cui hanno partecipato tanti artisti. Parte dei suoi scritti sono stati raccolti in alcuni libri tra cui *Vado a vivere nel Bronx: arte, filosofia, musica di un ventenne underground* e *Tracce velo-*

ci di un writer. La sua collezione di dischi e oggetti legati all'hip hop è stata donata all'università di Tor Vergata dando vita al primo archivio di questo tipo in Italia denominato "Fondo MC Giaime".

Marcus Garvey, politico (1887-1940); fondatore della Universal Negro Improvement Association (1914), promosse una campagna per il ritorno in Africa di 30.000 famiglie afroamericane (1920). Fallita l'impresa, fu arrestato per bancarotta ed espulso (1927).

Ghetto Blaster è un radioregistratore diffuso negli anni Settanta e Ottanta, di dimensioni imponenti. Ghetto era la zona di Venezia assegnata nel 1516 agli ebrei come loro residenza (così chiamata perché lì c'era un "geto" cioè una fonderia). Il termine indica ancora oggi la parte di città dove vive una minoranza. *To blast* in inglese significa esplodere, infatti il suono emesso è potente. Spesso portato sulla spalla, tenuto su con un braccio, il Ghetto Blaster è entrato nell'immaginario della "urban culture" come altri oggetti legati al rap.

Gran Migración fu il fenomeno migratorio che tra il 1910 e il 1970 vide lo spostamento di circa sette milioni di afroamericani dagli Stati del sud verso quelli del nord, midwest e ovest. A spingerli a lasciare gli Stati del sud furono il razzismo, la ricerca di lavoro e la volontà di dare un'istruzione adeguata ai figli.

Abdul Salam Guibre, "Abba", 19 anni, italiano, originario del Burkina Faso, muore il 14 settembre 2008 a Milano dopo essere stato colpito con una spranga dai titolari di un bar convinti che li avesse derubati.

Martin Luther King (a cura di C. Carson), ***«I have a dream». L'autobiografia del profeta dell'uguaglianza***, traduzione di T. Gargiulo, Mondadori 2017.

Ice-T, ***L'opinione di Ice***, Bompiani 1995.

Jones-Shafroth Act, la legge Jones-Shafroth, conosciuta anche come Legge naturale di Porto Rico (Organic Act of Puerto Rico), è un decreto legislativo promulgato il 2 marzo 1917 dal Congresso degli Stati Uniti. La legge conferiva la cittadinanza statunitense a tutti i cittadini portoricani e riconosceva alcuni diritti civili che dovevano essere rispettati dal governo portoricano.

Malcolm X, Alex Haley, ***Autobiografia di Malcolm X***, traduzione di R. Giammanco, Rizzoli 1992.

Manifesto per l'antisessimo nel rap italiano. Questa è la premessa al *Manifesto*: «Questo documento non vuole essere un'imposizione o uno strumento di censura/autocensura ma un punto di partenza per una discussione seria e approfondita. A tutti gli artisti e le artiste che si riconoscono nei suoi valori chiediamo di sottoscriverlo e farlo girare. A chi, invece, non lo condivide, chiediamo comunque di prendere esplicitamente posizione e contribuire alla discussione con le proprie argomentazioni. Di sicuro, da ora in poi tutti i concerti e gli eventi musicali che ci vedono coinvolte ad ogni titolo saranno ancora più attenti e selettivi nel rifiutare la partecipazione di chiunque, direttamente o indirettamente, si rende protagonista di testi o pratiche sessiste» (dal sito nonunadimeno.wordpress.com).

Willy Monteiro (1999-2020) è stato ucciso a Colleferro mentre cercava di difendere un amico in difficoltà. I responsabili dell'omicidio, Gabriele e Marco Bianchi, erano già conosciuti alle forze dell'ordine per pestaggi, spaccio e riscossione di spaccio per conto di terzi. Il presidente della Repubblica Sergio Mattarella gli ha conferito la Medaglia d'oro al valore civile alla memoria.

Pier Paolo Pasolini, ***Accattone***, film del 1961; ***Mamma Roma***, film del 1962; ***Ragazzi di vita***, Garzanti 1955.

Soumaila Sacko viene ucciso il 2 giugno 2018, festa della Repubblica, da un colpo di fucile mentre si trova nell'ex fornace "Tranquilla" di San Calogero, una fabbrica abbandonata in provincia di Vibo Valentia. A spararli sarebbe stato un agricoltore che, stando ai verbali, di quell'area si sente padrone. La giustizia lo ha condannato in primo grado a 22 anni per omicidio volontario, ma è andato agli arresti domiciliari dopo pochi giorni.

Yvan Sagnet è un attivista e scrittore camerunense. Arrivato in Italia nel 2008, si iscrive al Politecnico di Torino per studiare Ingegneria delle telecomunicazioni. Nell'estate del 2011 si trasferisce a Nardò, in Puglia, e lavora come raccoglitore di pomodori. Scopre il mondo del caporalato e dello sfruttamento. Ha organizzato una protesta che si è trasformata in sciopero duraturo contro le condizioni di lavoro nell'azienda agricola. È presidente dell'Associazione Internazionale NoCap, che combatte la piaga del caporalato.

Scialla! (Stai sereno) è un film del 2011 scritto e diretto da Francesco Bruni con Fabrizio Bentivoglio, Barbora Bobuľová e Filippo Scicchitano. È stato presentato alla 68ª Mostra del Cinema di Venezia, dove ha vinto Controcampo italiano, la sezione dedicata al cinema italiano e il premio "Vittorio Veneto Film Festival" assegnato dalla giovane giuria dell'omonimo festival. Nel 2012 ha vinto un David di Donatello; il Premio David Giovani e uno dei Nastri d'Argento. *Scialla!* è stato il film italiano più premiato di quell'anno.

Sedgwick Avenue, nel Bronx, è il luogo in cui nacque la cultura hip hop, l'11 agosto 1973. Quella sera Clive Cindy Campbell, un dj nato in Giamaica che si faceva chiamare "Kool Herc", organizzò al 1520 di quella strada la prima festa della storia che diede vita a questo movimento culturale.

C. Bonini, G. De Cataldo, ***Suburra***, Einaudi 2013.

Qui i riferimenti ad alcuni articoli citati nel libro.

Roma, chef capoverdiano denuncia: "Niente casa perché sono nero", Luca Monaco, «la Repubblica», 2 dicembre 2019

Cittadinanza, la battaglia di Luca Neves. "Io, italiano, per lo Stato non esisto: sono irregolare", Eleonora Camilli, «Redattore Sociale», 1 ottobre 2020

Il piacere della legalità? Mondi a confronto. Legami di responsabilità, Amir Issaa, Festival «Vicino/Lontano», 11 maggio 2018 (youtube.com/watch?v=Il_fxlXahMA)

I rapper hanno una responsabilità?, Emis Killa & Lazza, Basement Café, 13 nov 2020 (youtube.com/watch?v=al-G8VyKFg4)

Dittatore del rap, Alessandro Giberti, «Rolling Stone», 24 giugno 2020

Non Respiro. Amir Issaa su Floyd, errori degli afroitaliani. Mancanza di genere, indifferenza dell'industria musicale, Johanne Affricot, «Griot Magazine», 2 luglio 2020

Assa e la lista delle accuse alla polizia «Mio fratello, morto perché nero», Alessandra Coppola, «Corriere della Sera», 3 agosto 2019

Il riscatto di Capo Plaza: «Cresciuto in strada, ho avuto guai con la legge», Alessio Lana, «Corriere della Sera», 6 febbraio 2021

Ghali critica 'Tale e quale': «Non c'è bisogno di fare il BlackFace per imitare me o altri artisti», HuffPost, 21 novembre 2020

Rap e sessismo, Giulia Blasi: "È un problema artistico, basta violenza sulle donne per raccontarsi", Francesco Raiola, fanpage.it, 20 gennaio 2020

Rap & Hip-Hop. Sappiamo davvero il significato di questi termini?, Gabriel Renteria Linda, nam.it/rap-hip-hop-sappiamo-davvero-il-significato-di-questi-termini/

Anche Nas fa il suo ingresso nella Library of Congress, Alessio Civita, rapologia.it, 25 marzo 2021

Amir che porta il rap nelle scuole di Roma, Gabriella Greyson, «Vanity Fair», 20 dicembre 2013

DELLA STESSA COLLANA

Ci piace leggere!
Le ragazze e i ragazzi di Mare di Libri
Introduzione di Alice Bigli
Postfazione di Fabio Geda

Tutte le ragazze avanti!
a cura di Giusi Marchetta

L'Europa in viaggio. Storie di ponti e di muri
Marco Magnone

Lo sguardo avanti. La Somalia, l'Italia, la mia storia
Abdullahi Ahmed

INCENDI

Ziggy Stardust. La vera natura dei sogni – Luca Scarlini
Caetano Veloso. Camminando controvento – Igiaba Scego
Haiku e sakè. In viaggio con Santōka – Susanna Tartaro
Mickey. Uomini e Topo – Tito Faraci
Bob Dylan. Il fantasma dell'elettricità – Marco Rossari
Don Milani. Parole per timidi e disobbedienti – Andrea Schiavon
Massimo Ranieri. Le rose non si usano più – Jacopo Cirillo
Scherma, Schermo. Il regista dietro la maschera – Davide Ferrario
Anni luce – Andrea Pomella
Renzo, Lucia e io. Perché, per me, I Promessi Sposi è un romanzo meraviglioso – Marcello Fois
Yoko Ono. Dichiarazioni d'amore per una donna circondata d'odio – Matteo B. Bianchi
Tarocchi magici e cavallereschi. La vera storia di Rolando – Marcello Simoni
Sto ascoltando dei dischi – Maurizio Blatto
Attraverso persone e cose. Il racconto della poesia – Gian Luca Favetto

add EDITORE

Finito di stampare
nel mese di aprile 2021
presso Elcograf S.p.A. – Cles, Trento
per conto di add editore